Gunnel Beckman   Ich, Annika

*Für Judith
Weihnachten 83*

In der Auswahlliste
zum Deutschen Jugendbuchpreis
Sonderpreis 1975 zum Jahr der Frau

Deutsch von Gerda Neumann

Gunnel Beckman

Ich, Annika

Begegnungen und Erlebnisse
einer jungen Schwedin

Arena

An der Reihe »Der blaue Punkt« sind folgende Verlage beteiligt:
Arena-Verlag Georg Popp Würzburg
Georg Bitter Verlag Recklinghausen
Hoch-Verlag Düsseldorf
Österreichischer Bundesverlag Wien
Verlag Sauerländer Aarau und Frankfurt am Main
Verlag J. F. Schreiber Esslingen

3. Auflage 1977
16.—31. Tausend
Alle Rechte der deutschsprachigen Ausgabe bei
Arena-Verlag Georg Popp Würzburg
Die Originalausgabe erschien unter dem Titel
Tillträde till festen
bei Albert Bonniers Förlag AB Stockholm
© 1969 by Gunnel Beckman
Aus dem Schwedischen übertragen von Gerda Neumann
Die erste Auflage erschien 1971 (ISBN 3 401 03583 5)
Lizenzausgabe für Österreich:
Österreichischer Bundesverlag (ISBN 3 215 03015 2)
Einband: Aiga Rasch
Reihengestaltung: Peter Frohne
Gesamtherstellung: Richterdruck Würzburg
ISBN 3 401 13015 3 (Sonderausgabe »Der blaue Punkt«)

Annika Hallin Annika Hallin Annika Hallin Annika Gerda Maria Hallin.
Annink ach jetzt vertipp' ich mich Annika Gerda Maria Hallin geboren am 19. Juni in Kri ... Kroksund Bezirk Uppsala Tochter des verstorbenen Journalisten Sven Hallin und seiner Ehefrau Dr. med. Gerda Hallin geb. Andersson es ist unglaublich daß ich so dicht neben dem Feuer noch dermaßen friere obwohl mir doch ganz heiß ist warum schreibe ich überhaupt ich zittere doch so mit den Händen daß ich nichts als Fehler mache und die Maschine ist alt und klapprig wie eine störrrrrrische Dreschmaschine das Farbband so dünn wie ein Schleier und die Leertaste bleibt immer wieder hängen aber ich muß sonst werde ich noch verrückt wenn ich mich nicht pausenlos beschäftige.
Sonntag Montag Dienstag Mittwoch Donnerstag Freitag Sonnabend heute ist Dienstag der 2. März ich friere obwohl sich im Sommerhäuschen fast die Balken vor Hitze biegen die Petroleumlampe ist angesteckt zwei Kerzen brennen auf dem Tisch wegen der häuslichen Gemütlichkeit heute soll die Sonne in Stockholm um 6.44 Uhr aufgehen aber in Göteborg erst um 7.06 Uhr Sonnenuntergang um 17.44 Uhr der Tag heißt Ernst dann hat also unser Chemielehrer Namenstag und morgen ist Gunborg am 4. März hat Klein-Adrian Namenstag so blöd ist der Kalender gar nicht

da steht doch allerlei drin was Annika Gerda Maria Hallin Donnerstag nein Dienstag den 2. März hier draußen im Sommerhäuschen in der Gemeinde Bredared Bezirk Uppsala aufschreiben kann.

Nun klappt's schon besser in vier Tagen haben wir zunehmenden Mond   der steht dann hell und fern und am siebten Tag ist er halb und trotz der komischen Krakel darauf schön anzusehen   die Krakel gleichen den Zeichen für männlich und weiblich   hab' nie darüber nachgedacht was sie bedeuten diese Mondkrakel und die verbogene Vier   nein ich kümmere mich nicht um so etwas   Abel Abraham Adolf   da sind ja wieder Klein-Adrian und der Himmelfahrtstag und die Ausgießung des Heiligen Geistes an Pfingsten und Gottes unverdiente Gnade und am Sonntag war Sonntag nach Aschermittwoch und ich habe nicht einmal einen Fastnachtskrapfen bekommen   warum hatte ich nur so furchtbare Kopfschmerzen   vielleicht werde ich noch verrückt und Königin Ingrid Victoria Louise Margareta Prinzessin von Schweden geb. am 28. März 1910 in Stockholm und der Onkel des Königs der verstorbene Erbfürst Carl Wilhelm Herzog von Västergöt...

Nein nein nein was für Dummheiten sind das   so geht's nicht weiter   ich muß mich konzentrieren und versuchen etwas Ordentliches zu schreiben eine Novelle einen Brief oder nur einen Bericht aber irgend etwas Vernünftiges das mich zum Denken zwingt   ich kann doch nicht an Mutti schreiben das ist einfach unmöglich und an Jakob auch nicht weil er sonst so schnell hierherkommt wie er kann und wem sollte ich denn sonst...

Ach du, so hilf mir doch! Du mußt mich einfach anhören! Ich muß mit jemandem sprechen, sonst werd' ich total verrückt!

Vielleicht wird dies nie ein richtiger Brief, vielleicht schicke ich ihn nie ab. Aber so einfach ins Blaue darauflosschreiben kann ich auch nicht. Ich muß mit jemandem sprechen. Zu einem Gesicht. Zu jemandem, der mich kennt und meine Wellenlänge hat. Zu einem, der mich nicht unterbricht, um mich zu trösten. Zu einem, dessen Augen ich nicht sehe. Du bist so weit fort und doch nahe.

Ich muß einfach sprechen – all meine Gedanken aus dem Wirrwarr in meinem Kopf herausholen. Ich kann hier nicht herumsitzen und vor mich hin reden. Ich hänge gerade jetzt an dieser alten Maschine, als wär's der einzige feste Punkt in einem Raum, der schaukelt und sich dreht. Ich klebe an meinen eigenen Worten, zwinge mich, meine auseinanderflatternden Gedankensplitter zusammenzufügen, zwinge mich, die Augen aufs Papier zu heften und die richtigen Tasten zu erwischen.

Tippen, tippen – die Walze ruckelt hin und her, die Glocke meldet das Zeilenende, das Farbband ist zerschlissen, die Maschine klappert und rasselt. Das ist gut. Das übertönt das Schweigen.

Ich weiß gar nicht, wie ich anfangen soll – ich weiß überhaupt nichts mehr.

Meine Finger zittern, obwohl das Feuer im Herd donnert und im Zimmer dreiundzwanzig Grad sind.

Ach du, ich habe solche Angst! Solch unbeschreibliche Angst! Lächerlich, daß man den Körper nicht mehr beherrschen kann! Ich habe geglaubt, daß ich dies alles mit mehr – ja was soll ich sagen – mit mehr Würde tragen könnte. Aber das ist Unsinn! Ich konnte das gar nicht glauben, denn ich wußte ja überhaupt nichts davon. Nie im Leben habe ich daran gedacht, daß mir so etwas passieren würde.

Eine Kröte sitzt unter meinen Rippen. Sie lauert und wartet nur darauf, daß sie sich aufblasen und mich ganz ausfüllen kann, mich ekeln wird, mich ersticken. All ihr Gift wird sie in meinen Adern verspritzen. Tränen, immer wieder Tränen will sie aus mir herauspressen, ein unaufhörliches, idiotisches Weinen, Schluchzen, Schreien. Ein Weinen wie das eines enttäuschten Kindes, das nach Haus gehen muß, ehe das Fest zu Ende ist.
Verzeih mir, verzeih, du liebe, gute . . .
Ich höre deine Stimme, die Verdacht wittert.
Zum Kuckuck, Annika, was ist mit dir, nimm dich zusammen. Was ist passiert? Wo steckst du? Was hast du angestellt? Hast du jemanden angefahren? Hast du mit deinem Freund Schluß gemacht? Wo ist denn deine Mutter? Bist du krank? Bekommst du ein Kind? Hör doch endlich mit dem Gerede von den Kröten und der Heulerei auf! Ich werd' ja noch wild vor lauter Unruhe. Sag doch etwas Vernünftiges! Seit dem letzten Frühjahr hab' ich nichts mehr von dir gehört, und nun kommt dies hier . . . ANNIKA!
Das rufst du schon jetzt, und ich höre deinen Tonfall so deutlich in meinen Ohren, daß ich lachen muß. Genauso wie damals, als wir in der siebten Klasse waren und ich vor unglücklicher Liebe zu unserem Mathelehrer sterben wollte. Damals hast du genauso mit mir gescholten. Ach, wie lange ist das her – fünf Jahre, ein Leben. Es ist doch gar nicht möglich, daß erst so wenige Jahre vergangen sind.
Damals vor fünf Jahren! Da war doch gar nichts geschehen! Überhaupt nichts.
»Rede jetzt nicht«, sagst du, »ohne vorher zu überlegen. Was ist los?«
»Ja, ja, ja! Ich will mich zusammennehmen.«

Aber wo soll ich anfangen? In meinem Kopf brummt's.
»Fang nicht mit dem Brummen an, die Kröte reicht mir schon! Was...«
Verzeih mir, aber wo soll ich denn beginnen?
Ich bin also hier draußen im Sommerhaus. Wenn es nicht so stockfinster wäre, sähe ich vielleicht das Dach deines Elternhauses. Nein, ein Kind bekomme ich nicht. Mit meinem Freund habe ich auch nicht Schluß gemacht, wenigstens glaube ich das nicht. Mutti ist nicht zu Hause, sie ist seit dem Herbst in einem Krankenhaus in Pakistan und arbeitet für die Entwicklungshilfe. Ich wohne solange bei Muttis Cousine Agnes in der Stadt. Und Jakob ist beim Militär.
Aber seit gestern nachmittag bin ich im Sommerhäuschen. Wir haben gerade Winterferien. Doch nicht deswegen...
Eigentlich wollte ich mit meiner Freundin Ulla hierherfahren und Ski laufen. Aber Ulla reiste mit ihrer Mutter auf die Kanarischen Inseln. Ich wollte in der Stadt bleiben und ein bißchen pauken. Agnes, die Lehrerin ist, fuhr nach Dalarna, um ihre Schwester zu besuchen. Aber dann – dann, als dies dazwischenkam, schrieb ich ihr eine Karte, daß ich doch in unser Häuschen fahren wollte, um Johannssons einmal wiederzusehen.
Ja, das klingt alles etwas verworren, aber ich muß noch etwas berichten.
Immer wieder nehme ich einen Ansatz und versuche über den eigentlichen Grund meines Hierseins zu sprechen. Aber meine Gedanken machen Sprünge wie ein scheuendes Pferd und wollen nicht über das Hindernis. Du verstehst vielleicht, bevor ich meine Gedanken nicht richtig formuliert und aus meinem Schädel herausgebracht habe, wird's nichts Gescheites.

Hab Geduld mit mir!
Seitdem ich hier draußen bin, fühle ich mich wie im Zentrum eines Tornados.
Glücklicherweise gelang es mir, mich bis zum Überschreiten der Schwelle zusammenzunehmen und ruhig zu scheinen. Ich machte einen Umweg über das Eis, damit mich niemand von den benachbarten Höfen sehen konnte. Selbst Johannssons entkam ich auf diese Weise. Mit Herrn Lundberg von der Tankstelle führte ich ein richtig munteres Gespräch über Religion und über Pocken in Pakistan. Übrigens fragte er nach dir. Er meinte, du müßtest unverzüglich zu Nixon gehen, ihn packen und ihm sagen, daß er sofort in Vietnam Schluß machen solle.
Ich hatte gar nicht damit gerechnet, daß es so schrecklich schön im Wald sein würde. Fast mußte ich meine Augen schließen, um mich nicht davon überwältigen zu lassen, um mich nicht in den Schnee zu werfen und loszuheulen.
Es fror wieder. Der harschige Schnee knirschte unter meinen Füßen wie glasiges Moos. Blaue Schatten, bläuliche Bänder von Skispuren über dem Kahlschlag. Nacktes, blaßgrünes Heidelbeerkraut breitete sich auf Moosflecken aus, wo der Schnee geschmolzen war.
Die Kiefernstämme schimmerten rot im Licht der untergehenden Sonne.
Und unten am See – unserem See –, hinter der weizengelben Kante des Schilfs, lag das Häuschen und wartete mit schimmernden Fensteraugen auf mich wie eine liebe alte Verwandte. Die Erinnerung an dreizehn Sommer hockte hinter jedem Balken.
Ach, ich muß es so genau beschreiben, verstehst du, es hilft mir, nicht wieder die Besinnung zu verlieren.

Die Besinnung verlieren – was für ein geschwollener Ausdruck –, so etwas habe ich früher nie gesagt.
Die Sonne lag auf dem Horizont, schwelgte in all ihrer unerträglich farbenfrohen Heiterkeit. Sie schwamm wie ein Eigelb auf einem orange- und türkisfarbenen Wolkenpudding, während Millionen von kleinen Eiskristallen ihre schwindenden Lichtfunken widerspiegelten. Es war, als ob Sonne und Eis noch an tausend und abertausend Märzabenden knistern und funkeln würden in Ewigkeiten und Ewigkeiten. Amen.
Wegen dieser frechen Beständigkeit hasse ich die Natur.
Warum soll die dumme alte Bucht dort noch jahrhundertelang liegen und glotzen – und der Felsbrocken auf der Landspitze und die Eiche auf dem Hof, so ruhig und sicher, daß immer wieder neue Blätter kommen und rundliche kleine Eicheln ...
»Aber Annika«, wirst du wieder unterbrechen, »wenn du nicht mit deinem Freund Schluß gemacht hast – warum ist er dann nicht bei dir?«
Warte, warte nur ab.
Heute morgen, als ich zum Brunnen hinunterstolperte, sah ich zum erstenmal in diesem Jahr das kaum wahrnehmbare, fast nur zu ahnende frühlingshafte Lila über den Wipfeln der Birken liegen. Es roch frisch nach Tauwetter. Bald ist Frühling, hurra, hurra!
Was gehen mich die Vorzeichen des Frühlings an! Mit all ihren Lebenszeichen! Mich, die sterben muß.
Nun ist es heraus. Die Herbstkrähe kam schließlich doch über den Zaun.
Hörst du, was ich sage, verstehst du, was ich sage – ich rufe, ich schreie –, ich sterbe, sterbe, sterbe! Nun weißt du's. Ich sterbe bald.

Bald. Vielleicht schon ... Höchstwahrscheinlich – noch vor dem Sommer – oder vor Weihnachten.
»Nein, nein«, wirst du rufen. »So ist es nicht. Es muß ein Mißverständnis sein, so schnell geht das nicht!«
Das Mißverständnis bestand darin, daß ich es erfuhr. Ich stimme darin mit dir überein, daß es einen haarsträubenden Eindruck macht, wenn ein neunzehnjähriges Schulmädchen allein in einer abgelegenen Sommerhütte sitzt und zu begreifen versucht, daß es eine Krankheit hat, an der es bald sterben wird. Daß ich hier sitze und so säuberlich darüber schreibe, als handele es sich um einen Schulaufsatz mit dem Thema »Verschiedene Möglichkeiten, über den eigenen bevorstehenden Tod nachzudenken«.
»Oh, Annika«, rufst du wieder, »hör auf, Unsinn zu schwatzen!«
Ich schwatze keinen Unsinn. Ich muß mich nur vorsehen, daß ich nicht völlig den Verstand verliere, herumsause, brülle und den Kopf gegen die Wand stoße.
Ich werde bald sterben.
Ich muß es schreiben, wieder, wieder und immer wieder, damit ich endlich lerne, mich richtig zu fassen, mich in den Gedanken zu verbeißen. Ich sehe die Worte vor mir auf dem Papier, aber ich verstehe sie nicht.
Tipp, tipp, die Walze dreht sich, die Glocke klingelt. Ach du, verlaß mich nicht! Bleib bei mir! Hör mich an!
Um ein bißchen mehr Würde möchte ich bitten. Schließlich ist es doch die natürlichste Sache auf der Welt, oder nicht? Menschen sterben überall, sogar in den besten Familien.
»Lehr mich, o Wald, nur fröhlich welken«, und so weiter.
»Nur *einen* Sommer gönnt, ihr Gewaltigen!
und einen Herbst...«

Ja, wahrhaftig!
Aber es ist wohl richtig, daß ich erst einmal in der Einsamkeit
versuche, mit dem Gedanken ins reine zu kommen. Sterben
geht schließlich den Betroffenen selbst am meisten an.
Und ein Kind bin ich auch nicht mehr. Ein fast ausgewachsenes Mädchen mit einem festen Freund.

Das Mißverständnis, das schuld daran ist, daß ich alles erfuhr, hatte mehrere Ursachen. Zunächst war unser Arzt selbst
krank geschrieben. Im Krankenhaus ist heutzutage überall
solch ein Betrieb. Der kleine Arzt, der ihn vertrat, war wohl
der Meinung, ich wüßte bereits alles.
Vielleicht fand er, ich sähe so groß und erwachsen aus.
Außerdem warf ich mit einigen medizinischen Fachausdrükken um mich, die ich von Mutti aufgeschnappt hatte. Vielleicht hielt er mich für eine Medizinerin.
Natürlich mußte ich mißtrauisch werden nach all den Proben, die sie das letztemal im Krankenhaus gemacht hatten.
Aber ich hielt das für meine übliche Blutarmut, obwohl ich
in der letzten Zeit immer so furchtbar müde war. In den Beinen und den Gliedern tat's mir überall ein bißchen weh.
Agnes fürchtete, ich könnte Rheumatismus haben.
Aber es war Leukämie.
Dieses Wort ist widerwärtig. Ich weiß selbst nur allzu gut,
was es bedeutet. Mutti hatte einmal einen Buben in der
Ambulanz, der Leukämie hatte.
Im übrigen bin ich in die Bibliothek gegangen und habe in
einem medizinischen Lexikon nachgeschaut.
Eine blaue, kunstgewerblich wirkende Vase stand auf dem
Schreibtisch des Doktors, eine Vase mit drei rosa und drei
weißen gefüllten Tulpen. Während er sprach, zählte ich sie

achtmal. Der Arzt kam aus Schonen, vermutlich aus Lund. Dort spricht man mit einem so sanften Tonfall. Er trug eine braune Fliege mit schmalen, hellblauen Streifen, und auf dem Rockärmel saß ein Fleck von Höllenstein.
Ich glaube, er war verzweifelter als ich. Gerade in diesem Augenblick begriff ich gar nichts.
Die Eröffnung wirkte wie eine Lokalanästhesie. Zwar war ich bei vollem Bewußtsein, ich bewegte mich, aber ich spürte gar nichts. Ich hörte mich selbst »ja« sagen, aber ich fühlte mich so steif und stumm wie eine Wange beim Zahnziehen. Einmal kam mir der verwirrende Gedanke, daß dieser sympathische Bursche im weißen Kittel in einem Fernsehfilm mitspiele, der offenbar recht traurig war, jedenfalls seinem Gesicht nach zu urteilen, seinem Mienenspiel. Aber es gelang ihm nicht, mein Interesse zu wecken.
»Wartet jemand auf Sie draußen, Fräulein Hallin?« fragte er besorgt.
»Nein.«
»Aber ich darf wohl annehmen, daß sich jemand daheim um Sie kümmert, bis wir hier ein Bett für Sie frei haben?«
»Ja«, log ich. Ich hatte einfach nicht den Mut, ihn noch mehr zu betrüben. »Ja, natürlich«, sagte ich. »Ich wohne bei einer Verwandten meiner Mutter.«
»Aber ihre Eltern?«
»Mein Vater lebt nicht mehr, und meine Mutter ist im Ausland.«
»Ach so, dann – müßte...«
»Ja, ja«, antwortete ich besänftigend, stand auf und nahm meine Tasche.
»Aber ein Taxi...« »Gegenüber ist ein Taxistand«, sagte ich. »Vielen Dank, Herr Doktor!«

So sprach das Robotermädchen und spazierte zur Tür hinaus, die der Arzt schnell öffnete und höflich offenhielt. Im Vorraum zog es seinen Mantel an, kämmte sich ein wenig, starrte mit unbeweglichen Glaskugelaugen in einen rechteckigen Spiegel, der einen Teakrahmen hatte, um nachzuschauen, ob der Schal saß, zog die Handschuhe an, fühlte nach, ob die Handtasche richtig geschlossen war, bückte sich, zog einen Strumpf gerade und nickte einer Schwester zu, die mit frisch gestärktem Kleid unternehmungslustig vorbeischwebte.

Plötzlich stand ich draußen auf dem Bürgersteig im Schneematsch. Wie ein Wasserfall stürzte das scharfe Licht des Märzvormittags auf mich hernieder. Vor meinen Augen glimmerte es, und ich lehnte mich gegen einen Steinpfosten am Portal. Meine Kugelaugen fingen wieder an zu sehen. Und ich sah und sah und sah...

Die Straße – den Park – das Schild der Versicherungsgesellschaft – den Kirchturm – die Kais – die Tomaten im Lebensmittelgeschäft – den Himmel – das Flugzeug, das über dem Bahnhofsgebäude ein weißes Kondenswort in den Himmel schrieb...

Menschen – Menschen. Einige, die schnell gingen, und andere, die langsam gingen. Alte Menschen, junge Menschen. Zwei Polizisten, die Pelzmützen auf dem Kopf trugen und gemeinsam auf und ab promenierten, die Hände auf dem Rücken. Leute mit Aktentaschen, mit Schultaschen. Mäntel, Kinder, Menschen mit rauhen Wangen und in klobigen Gummischuhen. Tanten mit rosa Hörapparaten und Männer in langen, abgetragenen Überziehern und mit mageren Hälsen, Damen, die vom Friseur kamen und hastig mit frisch gelegten Dauerwellen nach Haus gingen...

Das Nylonnachthemd hing noch immer im Schaufenster auf der anderen Straßenseite, genau wie vorhin. Eigentlich wollte ich mir dort einen neuen BH kaufen...
Ich drückte mich fester gegen die Steinmauer, bohrte mich förmlich hinein, versuchte die quälenden Gedanken zu unterbrechen, abzustoppen.
Es war wie eine Art Platzangst. Als ob man sich gegen eine riesige Glaswand würfe, hinausstürzte in ein unbekanntes, hallendes Hohngelächter in eiskalter Ferne, die gleichzeitig von einer aufdringlichen, wirklich lebendigen, unfaßbaren Schönheit war.
Eine ständige Bewegung, viele Bewegungen. Alles lebte und rührte sich und klopfte und tickte und redete und lachte und hustete und kaufte Kinokarten und aß Sahnegebäck und rauchte Zigaretten.
Genau wie vor einer Stunde.
Genau wie vorhin, als ich durch dieses Tor ging. Es war genau vor einer Stunde und zehn Minuten. Da stand ich vor diesem Geschäft mit dem Nylonnachthemd und überlegte mir, daß ich hinterher einen BH kaufen wollte. Einen neuen BH mit Stretch.
Ich erbrach mich in die Gosse, aber niemand merkte etwas, niemand kümmerte sich darum. Nur ein Bursche auf einem Dreirad mit Paketen grinste ein wenig. Er dachte vielleicht, ich bekäme ein Kind.

Müßte man in der Schule nicht auch etwas über den Tod lernen?
Ein paar Übungen über Todesgedanken schreiben lassen? So wie man sich auf dem Schwebebalken übt, oder wie man Geometrie und Optik lernt?

Alles ist abscheulich – so primitiv. Ich meine die Gefühle, die man hat. Man benimmt sich wie – wie ein Kleinkind. Man sollte so etwas mit – Stil tragen. Tapfer. Weise.
Was für schöne Worte das sind! Weisheit – Tapferkeit. Sie klingen wie Silber: Weisheit...
»Damit wir ein weises Herz bekommen möchten«, sagte der Pfarrer. »Laßt uns bedenken, wie unsere Tage dahinfliegen, damit unser Herz weise wird.«
Im Augenblick allerdings wünsche ich mir gar nicht so viel Weisheit. Nur ein ganz klein bißchen Mut, ein wenig Würde. Plötzlich benimmt man sich wie der letzte Dummkopf, nur weil es so grausam schade um einen ist.
Und doch ist das fast noch besser als dieser furchtbare, brennende Schauder der letzten Nacht. Natürlich sauber und ehrlich, ohne Schluchzen und durchweichte Taschentücher. Aber widerwärtig.
Ich hatte vergessen, wie lang eine Nacht ist, wenn man nicht schläft. Wieviel lauernde Schrecken sich in all den langsam dahingehenden, schweigenden Minuten verbergen, die sich nur unwillig zu Stunden fügen. Es ist, als schleppe man sich durch einen kohlschwarzen Tunnel ohne Hoffnung darauf, das Licht jemals wiederzusehen.
Erst in der Nacht habe ich es richtig begriffen. Mit einem Schlag. Das schwerste ist ja, zu begreifen.
Nachdem ich mich im Rinnstein übergeben hatte, funktionierte der Roboter wieder. Daran war Sylvia schuld.
Du erinnerst dich wohl noch an sie, jenes Mädchen, das einen Sommer lang hier auf dem Land wohnte und damit prahlte, daß alle Buben hinter ihr her wären. Stell dir vor: ausgerechnet sie mußte ich in diesem Augenblick treffen!
»Hei!« sagte sie. »Wie nett, dich einmal wiederzusehen!«

»Hei!«
»Es ist wirklich Ewigkeiten her!«
»Ja, tatsächlich, das stimmt.«
»Na, wie steht's denn mit dir?«
»Danke, gut! Und wie geht's dir?«
»Danke, ebenfalls. Ich bin gerade in die Stadt gezogen, und das ist eine Wucht! Ich arbeite in einem Beauty Shop, weißt du, Ecke Vasastraße. Übrigens bin ich verlobt, und wenn's mit der Wohnung klappt, heiraten wir im Sommer. Und was machst du zur Zeit?«
»Ich geh' noch zur Schule. Das letzte Jahr.«
»Du meine Güte! Du willst doch nicht sagen, daß du immer noch in der Schule bist! Dann brauch' ich mich ja nicht zu wundern, daß du ein bißchen blaß und überdreht aussiehst!« Sie lachte und strahlte voller Gesundheit. »Grüß Max Factor und den Schönheitssalon!«
»Immerhin bin ich doch ein paar Jahre jünger als du!« sagte ich, und es klang, als wäre sie mindestens neunundzwanzig.
»Natürlich, natürlich«, lächelte sie. »Wie geht's denn der – na, der Helena? So hieß doch dieses lange, dünne Mädchen, das neben euch auf dem Land wohnte? Sie ist wohl auch erheblich älter als du, obwohl ihr so viel zusammen wart?«
»Sie ist in Amerika und geht in ein College. Sie hat sich mit einem farbigen Amerikaner verlobt.«
»Mit einem Farbigen? Meinst du etwa einen Neger? Jesus Maria, glaubst du, daß sie sich mit einem Neger verheiraten will?«
»Ja, warum denn nicht? Er ist ein sehr tüchtiger und netter Kerl!«
»Na, stell dir mal vor, wenn du hier mit einem Neger ange-

zogen kämst? Dann würden sie dich doch zu Hause gleich...«
»Warum denn?« Ich fühlte, daß ich nun nicht mehr so blaß war.
»Warum? Weil man damit die scheußlichsten Schwierigkeiten bekommt. Denk doch mal an Maj-Britt Wilkens. Sie konnte auch auf die Dauer nicht mit Sammy Davies verheiratet bleiben und...«
»Britt Sellers ist auch von ihrem Mann geschieden, und der war kein Neger.«
»Na, das ist klar... Ich meine – das weiß doch wohl jeder – nein, weißt du, ich hab' keine Zeit mehr, hier herumzustehen und zu quasseln. Es war wirklich eine Wucht, dich mal wiederzusehen. Was willst du denn Schönes werden, wenn du dein Abitur hast?«
»Ach, ich weiß noch nicht so genau...«
»Na, alles Gute jedenfalls! Und grüß Helena, wenn du ihr schreibst.«

Kein Taxi war zu sehen. Ich schlich mich in ein Kaffee in der Nähe und wollte den ekligen Geschmack aus dem Mund haben.
Eine lange Schlange starker, breiter, vergnügter Rücken wartete bereits. Frische rötliche Gesichter, die ein Brot mit Ei und Anschovis essen wollten und eins mit Leberpastete und Gurke oder ein Stück Kaffeegebäck. Danke, Fräulein, ja und dann ein großes Glas Milch und einen Kaffee...
»Einen Tee, bitte!«
»Kein Brot?«
»Nein, danke!«
Bekümmert schaute mich die mütterliche Frau im weißen Kittel an. Ihr Blick drang durch die Lokalanästhesie, und ich

lief förmlich mit meinem Tablett und der einsamen Tasse davon.
»Prima Wetter heute!«
Ich antwortete nicht sogleich, und der alte Mann wiederholte seine Worte: »Prima Wetter heute. Welch ein Segen, daß man endlich einmal wieder die Sonne zu sehen bekommt.«
»*Der lustige Bäcker* hat im vergangenen Jahr eine Million Stück Butterkuchen verkauft«, schrie das Schild über meinem Kopf.
»Eine Million Stück, das ist viel«, sagte der Alte und nickte zufrieden.
»Ja, und mit Butter und allem möglichen gebacken«, fügte ich hinzu.
»Schweden ist ein Land, in dem es sich gut leben läßt. Wenn's die randalierenden Studenten auch nicht kapieren.«

In der Wohnung schlug mir die Leere wie ein eisiger Hauch entgegen, als ich die Dielentür öffnete.
Ach du meine Güte! Fräulein Pettersson war morgens dagewesen und hatte geputzt.
Es roch sauber, staubfrei, menschenleer.
Ich fühlte, wie die seltsame Betäubung schwand, die Angst sich auszubreiten begann. Ich ging auf meine Zimmertür zu, rief »Hei!« und streckte die Hand aus. Aber plötzlich konnte ich keinen Schritt weitergehen. Ich brachte es einfach nicht fertig, den Fotos auf dem Bücherregal gegenüberzutreten.
Schnell drehte ich mich um und ging statt dessen in die Küche. Ein schwacher Kaffeeduft lag noch im Raum und verlieh ihm einen Hauch von Menschlichkeit. Ich setzte mich auf die äußerste Kante eines Stuhles und krallte meine Hände in die Knie, als könnte ich mich so besser in der Hand behalten.

Was sollte ich tun? Lieber Gott, was sollte ich nur machen? Ich saß und starrte die Gegenstände genauso an wie vorher das Krankenhausportal. Meine Augen wanderten umher und nahmen alles präzise wahr, so als wäre es unheimlich wichtig, daß ich die Wirklichkeit genau registrierte. Dabei ging sie mich doch gar nichts mehr an. Trotzdem war es eine Art Trost oder Notwendigkeit.
Über dem Herd hing ein geblümter Topflappen.
Auf der Spüle stand der Kaffeefilter.
Das Brotmesser lag auf dem Brett.
Die Tür zur Speisekammer war nicht ordentlich geschlossen.
Das Radio vom Nachbarn spielte Mozarts Klavierkonzert in A-Dur, Köchelverzeichnis 21.
Die Korkmatte vor dem Herd war abgetreten.
Agnes' Brillenfutter lag auf dem Regal neben einem Kochbuch und Maos kleiner roter Bibel, die Jakob ihr zu Weihnachten geschenkt hat.
Der Wecker tickte laut und angriffslustig auf seinem Platz oben auf dem Küchenschrank. Er maß die Zeit. Wessen Zeit? Sekunden, Minuten, Stunden, Tage, Wochen ...
Was sollte ich tun?
Agnes anrufen? Die liebe, müde, alte Agnes, die tapfer mit all den neumodischen Dingen auf dem Gymnasium kämpfte und sich ihre Ferien so redlich verdient hatte? Übrigens war Agnes der letzte Mensch, dem ich in diesem Augenblick gern begegnet wäre.
Und Jakob? Wenn er auch beim Militär war, so konnte er vermutlich Urlaub bekommen. In solch einem Fall ging das schon. Die Nummer seines Regiments in Uppsala hatte ich. Doch er wollte mich ja am Abend selbst anrufen. Oder was hatten wir ausgemacht? Vielleicht ein wenig früher ...

Aber das war vor unserem großen Krach am Sonnabend gewesen.

Und Mutti? Sie mußte auf jeden Fall schnellstens unterrichtet werden.

Ach, Mutti! Wie würde sie es aufnehmen? Sie, die täglich Kinder anderer Mütter sterben sah. Ob ihr das helfen würde, ich meine hinsichtlich der Auffassung oder so?

Blitzschnell schob ich Mutti aus meinen Überlegungen. Ich fühlte, wie das Weinen in mir hochsteigen, das schreiende Kind in mir jeden Augenblick losbrechen wollte.

Am liebsten wäre ich zu Großmama gefahren. Aber auch das ging nicht. Sie hatte im Juli einen Schlaganfall gehabt.

Das Telefon klingelte.

Ach, das mußte Jakob sein. Wer sonst...

»Hallo, Jakob?«

»Spreche ich mit Fräulein Lindström?«

»Nein – da – sind Sie falsch verbunden.«

»Spreche ich nicht mit der Konfektionsgesellschaft Fatima?«

»Nein.«

»Oh, Verzeihung!« Das klang ziemlich beleidigt. Wie meistens, wenn jemand die falsche Nummer gewählt hat.

Und doch hatte dieser Anruf einen Zweck erfüllt. Draußen in der Diele, wo unser Telefon steht, hing mein Anorak, den ich eine Woche zuvor vom Boden heruntergeholt hatte, weil ich dachte, daß Ulla und ich aufs Land führen. Das Häuschen! Natürlich! Dorthin mußte ich fahren! Plötzlich war das ganz selbstverständlich.

Im Winter ging doch ein Bus um zwei.

Merkwürdig aktiv und aufgemuntert sauste ich herum und bereitete alles vor, schrieb eine Karte an Agnes, packte meinen Campingbeutel, stopfte Pyjama, Badetasche, Wollhose

und etwas Proviant hinein, zog die lange Hose und die Skistiefel an, schminkte die Augen, sammelte ein paar Platten und schaute noch einmal den Busfahrplan nach.
Am Kiosk neben der Haltestelle kaufte ich ein Kilo Himbeergeleebonbons. Kannst du dir das vorstellen? Ein ganzes Kilo! Ich, die niemals etwas Süßes essen durfte! Muttis wenige eiserne Prinzipien gestatteten so etwas nicht.
Sie liegen immer noch in einer Schüssel, diese Bonbons, unberührt. Ein abscheulich klebriger Protest.
Erst in der Nacht, glaube ich, faßte ich die ganze Wahrheit mit jeder kleinsten Nervenfaser.
Ich begriff, daß ich, Annika, die am Mittsommertag neunzehn Jahre alt wird, sterben muß. Ich muß sterben. Mein Körper wird nicht länger auf dieser Erde weilen. Mein Körper ist so jung und warm, so ungenützt und soll nun zum Erliegen kommen, während die Zerstörung weiter fortschreitet. Ein paar Monate vielleicht noch und dann – nichts, nichts in der unendlichen Unendlichkeit.
Hier auf Erden aber wird alles weitergehen.
Glatt wie eine Schlange will mir die Wahrheit dauernd entgleiten. Ich versuche sie mit Gewalt festzuhalten, um eine Chance zu bekommen, mich daran zu gewöhnen. Ich nagele sie fest mit abscheulichen Einzelheiten.
Es gelingt mir einfach nicht. Ich vergesse und wache, vergesse und wache. Wiederhole und wiederhole:
Niemals wieder werde ich meine Meinung herausschreien...
Niemals werde ich richtig erwachsen sein...
Niemals werde ich etwas Tüchtiges, etwas Bedeutendes leisten, etwas wirklich Wichtiges tun...
Niemals schwanger werden, niemals ein Kind tragen, das in mir wächst...

Niemals werde ich alt mit einem Menschen, den ich liebe, niemals erfahren...

Ach, ich kann wirklich nicht begreifen, wie die Menschen sich mit dem Gedanken an ein ewiges Leben trösten können! Was soll mir ein Leben danach nützen? Mit Harfen, Engeln, goldenen Portalen und ewig grünen Gefilden in himmlischen Sälen, all dem, womit sich alte Männer und Frauen im Altersheim trösten.

Ich will doch nichts anderes als die Erde und Blumen, die im Herbst welken, und Schnee, der fällt und schmilzt, und Dinge, die geschehen und sich abwechseln, und Menschen, die leben, sich mühen, arbeiten, spielen und singen, Kinder, die geboren werden, und Sachen, die man erfindet, und Liebe, Liebe, die im Körper schwirrt und tanzt...

Und, zum Teufel, ich möchte wissen, wie es weitergeht! Ach, daß ich niemals erfahren soll, wie es weitergeht!

Was hat das für einen Sinn, den Kopf für einen kurzen Augenblick in die Welt stecken, ein bißchen daran schnuppern, und dann – ab mit dir! Niemals erfahren, wie alles wird, mit den unterentwickelten Ländern und dem Sex, mit dem Rauschgiftproblem, mit China, der EWG, mit dem Nahen Osten und Israel. Und was hier bei uns geschieht... Und ob Jakob eines Tages Minister wird und...

Wenn man sich vorstellt, was alles passiert und passieren könnte, während man selbst unter Kränzen auf dem Hügel liegt und ein fremder Friedhofswärter jätet und für dreißig Kronen pro Quartal die Blumen umpflanzt. Ha, ha!

Ich versuche, du kannst es mir glauben, daran zu denken, daß viele Kinder täglich vor Hunger sterben, denke an alle Menschen, die überall sterben, Tag für Tag, junge Leute wie ich, die ihre Nase gerade erst ins Leben gesteckt haben, an

Johannssons Tochter, die im Kindbett starb, an Jakobs besten Freund, der mit dem Motorrad tödlich verunglückte. Aber das hilft mir nicht. Das ist so selbstverständlich traurig, das ist das grausame Leben. Das ist alles möglich, aber es ist der Tod der anderen, nicht mein eigener.
Ja, ich rede und rede. Aber ich muß, ich halte mich förmlich damit aufrecht. Ich tippe und tippe – die Zeilen laufen dahin wie Rettungsleinen. Die Buchstaben marschieren vorwärts und stellen sich wie ein schützender Zaun zwischen mich und die Schlangengrube.
Ich begreife, daß du mehr von Jakob hören möchtest. Aber heute abend schaffe ich es nicht. Du sollst noch vieles hören, viel, was in diesen letzten Jahren geschah. Wir beide, du und ich, waren doch hoffnungslos miserable Briefschreiber.
Unter anderem sollst du erfahren, wie ich schließlich meinen Vater fand.

Ich muß aufstehen und die Lampe anzünden. Der Tag ist so schnell verronnen.
Heute nachmittag ist es diesig. Das Eis hüllt die Inseln wie ein fleckiges und aschgraues Laken ein. Im Norden schwillt der Himmel von bleigrauen Schneewolken an. Aber es ist besser, der süßlichen Schönheit des Sonnenuntergangs zu entgehen. Gerade jetzt kann ich Naturschönheit schlecht ertragen. Überhaupt keine Schönheit. Wollte Beethovens Fünfte hören, aber ich schaffte es nicht. Auch die anderen Platten, die ich von zu Hause mitnahm, konnte ich nicht hören, all die Platten, die Jakob mir schenkte und die wir Weihnachten hier draußen spielten. Jeder einzelne Ton ist voll von Erinnerungen: Pete Seeger, Halliday, die Beatles.
Nun hat es angefangen zu stürmen. Die Fensterhaken knar-

ren und wimmern. Plötzlich ist das Dunkel voll von Geräuschen. Vielleicht bricht heute nacht das Eis auf. Von der Förde knallt es wie Pistolenschüsse herauf.
Ich fürchte mich vor der kommenden Nacht. Schon liegt sie drückend hinter dem Wald.
Es wurde besser, als ich alle Lichter ansteckte.
War ein Weilchen in der Küche und beschäftigte mich. Klapperte mit der alten Kaffeebüchse, auf der Königin Viktoria in einer Spitzenbluse und mit Haaraufbau abgebildet ist. Zog die Schubladen auf und spielte mit alten, abgenutzten dunklen Holzlöffeln und dem Jahrzehnte alten Preiselbeerkocher. Sank auf einen häßlichen braunen Stuhl, den wir einmal auf einer Auktion von Johannssons Tante erwarben. Drehte und spielte mit einer dickbauchigen Sahnekanne, die Mutti sicher als Hochzeitsgeschenk bekam, und mit jenem albernen Aschenbecher aus dem Krieg, auf dem »Ein schwedischer Tiger« steht.
All dies wird mich um viele Jahre überleben. Ist das nicht einfach unverschämt?
Ich entdeckte noch etwas anderes hinten in der Toilette zwischen Hansaplast und Desinfektionsmittel: eine Schachtel Schlaftabletten. Mutti schläft manchmal schlecht, besonders hier auf dem Land. Zwar spricht sie nicht viel darüber, weißt du, sie redet überhaupt nicht viel über ihre Probleme.
Du – wäre das so falsch? Ich meine das mit den Schlaftabletten...
Saß da und spielte mit ihnen auf dem Tisch herum, drehte sie zwischen den Fingern, baute kleine Häufchen und überlegte immer wieder.
Ach, wieviel einfacher würde alles sein! So schön und einfach für mich, für Mutti und für Jakob.

Unsere Augen brauchten sich nicht zu begegnen und dabei zu wissen. Keiner von uns brauchte so schrecklich tapfer zu tun. Keiner müßte »Hei, hei!« sagen und dabei denken, daß es vielleicht das letztemal wäre.
Ich brauchte nicht diesen ekelhaft munteren, angestrengt neutralen Tonfall in ihren Stimmen zu hören, den ich im Heim ertragen mußte, wenn Besuchszeit war. (Im Sommer habe ich nämlich als Haushaltshilfe im Altersheim gearbeitet.)
Ich brauchte nicht nach irgendwelchen gleichgültigen Gesprächsgegenständen zu suchen, ...nicht die Bürde ihres Mitleids zu tragen, nicht, daß sie sich gezwungen fühlen würden, jeden Tag zu kommen: »Heute müssen wir gehen, am nächsten Tag ist es vielleicht schon zu spät.« Ich entginge der Veränderung vor ihren Augen, würde nicht abmagern, verschwitztes, klebriges, stumpfes Haar bekommen, häßlich und unappetitlich aussehen. Würde nicht ertragen müssen, daß alle, auch die Allernächsten, denken: O Gott, wenn's nur bald überstanden wäre.

Ich weiß Bescheid. Ich hab' viel im Heim gelernt!
Eines Abends traf ich die Tochter einer alten Frau, die schon lange krank im Bett lag. Sie saß auf der Treppe und weinte. Ich wußte nicht, was ich sagen oder tun sollte. Schließlich murmelte ich, was ich von der Leiterin gehört hatte, wenn sie mit den Angehörigen sprach. Aber ich spürte selbst, wie altklug das klang.
»Aber – für sie muß es doch eine Erlösung sein. Ich meine – das Sterben. Sie leidet doch so sehr.«
»Ich weine nicht, weil meine Mutter stirbt«, sagte sie mit zittriger Stimme und sah mich an. »Ich weine über mich

selbst, weil ich mir wünsche, daß es schneller gehen möchte.«
»Ja, aber«, wandte ich ein.
»Ach, komm mir nicht damit, daß das nur normal ist, wenn man alten Menschen eine schnelle Erlösung vom Leiden wünscht. Natürlich wünscht man sich das um ihretwillen«, widersprach sie heftig. »Aber im Innersten, weißt du, tu' ich es doch auch um meinetwillen. *Ich* schaffe es nicht mehr, meine Liebe ist nicht stark genug. Und deswegen sitze ich hier und wünsche, daß das Leben, das einmalige, kostbare Leben, das wir besitzen, aus einem Menschen rinnt, den ich liebe. Und das ist so schrecklich.«
Ich will nicht, daß mir jemand den Tod wünscht, hörst du!
Zehn, zwanzig kleine Tabletten, und ich bin die Sorgen los. Der Gedanke ist freundlich und schön und verlockend wie ein kühles, sauberes Bett, wenn man sehr müde ist. Und gleichzeitig ist er voller Feigheit, voller Trotz und voller Hochmut.
Aber da fällt mir etwas ein, was Großmama einmal sagte, als sie von ihrem jüngsten Bruder erzählte, der sich das Leben nahm.
»Mit einem Selbstmord ist immer eine Schuld verbunden, die sich die Hinterbliebenen niemals verzeihen können. Ein Bleiklumpen aus Verzweiflung und schlechtem Gewissen, der sich nicht wie ein anderer Kummer auflösen läßt.«
Wenn ich es mir richtig überlege, dann möchte ich nicht, daß Jakob oder Mutti hierherkommen und mich finden, nachdem ich gestorben bin! Nein, das sollen sie nicht! Es soll nicht wie eine Flucht, wie ein schlaues Arrangement aussehen! Sie würden den Gedanken nicht ertragen können, daß ich hier draußen so einsam und verzweifelt war, daß ich mir das Leben nahm. Wie ein Alptraum würde sie das ver-

folgen, seine Proportionen verlieren, sie aller Kraft berauben. Und die Gesunden und Lebenden brauchen doch ihre Kräfte. Im übrigen bin ich für beide Alternativen einfach zu feige.
Außerdem — eine ganz, ganz kleine Hoffnung steckt doch noch tief in mir. Die Hoffnung darauf, daß ein Wunder geschehen möge. Daß alles ein Irrtum ist, daß die Ärzte die Untersuchungsproben vertauscht haben, oder irgend etwas Ähnliches. Wie in jenem alten Film mit Alec Guinness. Oder daß vielleicht in letzter Minute noch ein Medikament auftaucht, ein bisher unbekanntes, wie in dem Buch von der Frau, die zum Tode verurteilt war und dadurch gerettet wurde, daß sie ein Kind bekam.
Ach, Gott, an den ich nicht glaube — laß etwas geschehen!
Ich fühle mich so wirr, aber das kommt wohl daher, daß ich nichts essen kann. Mein Speichel und mein Magensaft müssen eingetrocknet sein. Es ist, als müßte ich das Essen in eine versandete Röhre pressen. Und bringe ich einen Bissen hinunter, dann liegt er wie ein Stein im Magen und reizt mich zum Übergeben.
Ich sagte vorhin, daß ich froh über die Einsamkeit wäre. Aber das trifft nicht mehr zu. Ich würde alles hergeben, wenn nur Mutti bei mir wäre. Ich fürchte mich so schrecklich vor der Nacht und bin doch so furchtbar müde. Aber sobald ich mich ins Bett lege, kommt der Angsttraum.
Wie lange, glaubst du, wird es dauern, bis jemand etwas erfährt? Meinst du, daß Jakob Angst bekommt, wenn sich bei Agnes niemand am Telefon meldet? Ob er gar nicht anruft?

Kann nicht mehr an der Schreibmaschine sitzen — im ganzen Körper kribbelt es wie von Ameisen, weiß nicht mehr, was ich geschrieben habe oder was ich schreiben oder tun will.

Immer wieder verspüre ich das Bedürfnis, ins Schlafzimmer zu gehen und mich im Spiegel zu betrachten.

Man glaubt doch, man müßte etwas sehen. Von dem, was innerlich geschieht, meine ich.

Aber mir scheint, ich sehe so aus wie immer, natürlich schrecklich blaß und mit verschwollenen Augenlidern. Der Mund ist auch bleich und wirkt so aufgelöst. Wie graugelbe Gardinen hängen die Haare auf die Brust, aber sie glänzen und kräuseln sich unten.

Ich starre und starre. Die feuchten Flecken auf dem Spiegel werfen Schatten auf mein Gesicht. Mit flatternden Händen fühle ich, ob die Haut noch warm ist. Mit kleinen, tickenden, schnellen Schlägen spüre ich das Blut am Hals pulsieren. Fest drücke ich die Finger auf die Augäpfel, die von der Hitze und der Müdigkeit schmerzen, ziehe die Lippen ein wenig hoch und versuche ein albernes Lächeln.

In der Nacht lag ich einmal nackt auf dem Bett und besah meinen Körper. Im schwachen Schein der Kerze wirkte er warm und weich und lebendig. Plötzlich empfand ich in einem Anfall von Lust schmerzhafte Sehnsucht nach Jakob. Nach ihm, dem ersten und dem einzigen, der meinen Körper in Besitz nahm, dem ich mich gab, wie man das früher nannte.

Jakob sollte durch den Wald kommen! Er sollte seine Melodie pfeifen, unsere Melodie, und *nichts wissen*. Und all die Worte von Sonnabend müßten ungesagt sein.

Dann würden wir uns vor dem Feuer auf dem Teppich lieben wie damals, Weihnachten, als wir hier allein waren. Die Hitze des Feuers würde sich mit unserer eigenen Hitze vereinen, und die Flammen würden ihren Schein über unsere Körper werfen und sie wärmen.

Aber wenn wir uns wiedersehen, wird er schon alles wissen. Und wie können wir uns dann lieben! Man kann doch keinen Körper umarmen, der den Tod in sich trägt.
Ich könnte es wohl – wenn er nichts wüßte. Aber wenn er es weiß, dann wird es unmöglich sein.

Es ist schon zehn Uhr vorbei. Der Kopf tut weh, der Magen tut weh.
Aber ich wage es nicht einmal, mich dem Bett zu nähern. Solange ich die Schuhe und die Kleider anhabe, fühle ich mich sicher. Werde versuchen, die Kröte und die Schlangen dadurch zu überlisten, daß ich so tue, als wäre es überhaupt nicht Nacht.
Das Haus hilft mir. Es ist voller Geräusche. Die Bodenluke klappert, der Schornstein heult, die Fahnenschnur peitscht gegen den Mast, und die Rosenbüsche rascheln mit nackten Armen an den Fensterscheiben.
Eigentlich müßte ich vor Angst in dieser Dunkelheit bewußtlos werden. Immer hab' ich mich vor dem Dunkel gefürchtet, wie du weißt. Erinnerst du dich noch, daß du mich abends nach Hause bringen mußtest, sobald der August kam und es früher dämmerte? Nur das kleine Stückchen quer über die Klippen am Strand. Die beiden Wacholdersträucher unten in der Bucht erschreckten mich immer. Ich fand, sie sahen aus wie zwei kopflose Kerle. Und bei Großmama auf dem Boden – meine Güte, was hab' ich da ausgestanden! Aber ich wagte gar nicht, davon zu sprechen!
Aber nun, oh, nun bin ich erst recht bange – nicht vor dem Dunkel und dem Tannenrauschen und dem Gespenst, das sich durch die Büsche schleicht! Ich laufe hin und her und versuche ein wenig Abwechslung zu finden.

Hab' es mit dem Radio versucht, aber die spielen nur »Ave Maria« oder »Nicht einmal ein kleiner Vogel«, oder sie reden von Quecksilber und Tbc in Korea oder trompeten eine Menge Nachrichten aus, die sicher viele interessieren, aber mich nichts angehen.
98 Arbeiter kamen bei einem Grubenunglück in Belgien um;
3 Personen verunglückten bei einem Zusammenstoß in Älmhult tödlich;
13jähriger wurde in Eskilstuna fahrlässig erschossen.
Eine Weile hörte ich einen Vortrag über die Jugend des Kaisers Augustus. Das war ein schöner Rüpel! Aber man wußte das bisher wohl nicht.
Blätterte auch in allen Zeitungen: ...»Eine Tunika fürs Heim, schön und bequem, wunderbar passend zu Trikothosen oder zu festlichen Hosenanzügen, können Sie auf die denkbar einfachste Weise herstellen ... Dorschrogen ist proteinhaltig und fettarm ... Ein besseres Organ für Freikörperkultur entspricht einem allgemeinen Bedürfnis ... Alles haben wir Männer den Frauen zu verdanken, unser Leben, die Liebe, die Kinder und unsere Vorstellung von Schönheit (Gunnar Biörck).«
Eine Weile blätterte ich in einem Schulatlas und versuchte mir vorzustellen, wieviel Menschen auf der Erde wohl gerade in diesem Augenblick starben. Ich kann mich an die statistischen Zahlen nicht mehr erinnern.
»In einer Welt, in welcher alle deswegen voneinander abhängig sind, weil alle unter dem gleichen Schatten der Atomspaltung leben, kann das Prinzip vom Wohlstand nicht an unseren Grenzen haltmachen, sondern muß die gesamte Menschheit einbeziehen ...«

»Der Sommer kommt. Der Winter geht
Verdrossen fort. Und Blumen sprießen
Auf tausend, abertausend Wiesen
Und leuchten auf.
Die Stare rüsten sich zum Flug,
Die Vögel finden Glücks genug
Am Zwitschern und am Singen.
Puh jubelt auf!«

Die alten Verse aus der Geschichte vom lieben Teddy Nalle Puh! Ach, ich glaube, ich werd's mal damit versuchen, daß ich mich aufs Sofa lege und lese, wie Nalle und Nasse sich ein Haus aus lauter Is bauten. Wenn mich überhaupt noch jemand trösten kann, dann wird er es sein. Dideldideldum! Vielleicht mach' ich mir doch ein Butterbrot und koch' mir ein bißchen Tee.

Ich weiß nicht, wer meiner Hysterie abhalf: Nalle Puh, die Butterbrote und der Tee oder die Kopfschmerztabletten. Aber jetzt fühle ich mich richtig vernünftig, wenigstens soweit, daß ich versuchen werde, dir von Jakob zu erzählen, ehe es zu spät ist. Es ist so schwer, den Anfang zu finden.
Schade, daß du Jakob vor deiner Abreise nicht mehr kennengelernt hast. Dann wäre es einfacher. Briefliche Beschreibungen sind immer so – so oberflächlich. Und ich hab' das Gefühl, als ob meine eigenen Briefe nicht gerade sehr aufschlußreich sind.
Es ist merkwürdig, daß alles erst begann, als du vor drei Jahren abreistest. Stell dir vor, wir hätten geahnt, wie lange du fortbleiben würdest, vielleicht für immer!
Meine Güte, welchen Spaß hatten wir bei deiner Abiturfeier!

Ich fühlte mich so erwachsen und hatte deinen Lieblingsvetter als Tischherrn. Er sagte, ich hätte so schöne Augen. Das hatte mich für Wochen ganz glücklich gemacht.

Im Herbst zogen wir nach Stockholm, Mutti und ich. Mutti gab ihre Stelle als Provinzärztin auf, die sie zwölf Jahre lang gehabt hatte. Wir verließen das Haus, in dem ich gelebt hatte, solange ich denken konnte, meine Schule, die Stadt, die Freunde und nicht zuletzt auch Ruff, der zu alt geworden war, um mitzukommen. Das alles weißt du.

Du weißt ebenfalls, daß wir im Stadtviertel Vasastan eine neue Wohnung fanden, daß ich in die erste Klasse der naturwissenschaftlichen Oberstufe in dem neuen Gymnasium kam, daß ich mich dort zunächst überhaupt nicht wohl fühlte, aber so langsam dann doch eingewöhnte. Da wir allein waren, hielten Mutti und ich fest zusammen. Wir gingen oft ins Theater und ins Kino, aber richtig gut ging es uns eigentlich immer erst dann, wenn wir unser Auto herausholen und die fünfzehn Meilen hierher zum Häuschen hinausfahren konnten. Erst hatten wir davon gesprochen, daß es verkauft werden sollte, denn von Stockholm lag es ja ein bißchen weit entfernt. Wie gut, daß wir's nicht taten!

Es war im Frühling, als ich Jakob kennenlernte. Vielleicht erinnerst du dich? Wir trafen ihn, als wir bei einem Kollegen von Mutti zum Essen eingeladen waren. Er hatte gerade sein Philo-Examen abgelegt und war von einer Reise nach Indien zurückgekommen. Er war so gesprächig, so sicher und voller Enthusiasmus. Die Welt mußte von Armut und von Not befreit werden, und er wollte dabeisein und mithelfen! Für mich, die ich täglich von einer Gruppe junger Burschen umgeben war, die ausschließlich über Autos sprachen, war Jakob eine Offenbarung.

Außerdem war er bildhübsch.
Warum er überhaupt von mir Kenntnis nahm, habe ich bis heute noch nicht begriffen. Wenn er damals gewußt hätte, daß ich noch nicht einmal siebzehn war, hätte er wohl nicht im Traum daran gedacht, mich am nächsten Tag ins Kino einzuladen.
Wir sahen »Ulysses«. Viel begriff ich nicht, fand den Film abscheulich. Doch Jakob war hingerissen.
Und dann küßte er mich im Tegnérpark, und ich lud ihn nach Hause zum Tee ein.

Es begann eine wunderbare Zeit – sowohl für mich als auch für Mutti. Jakob stieß die Tür zu einer Welt auf, die uns bis dahin völlig fremd gewesen war, zu einer aktiven, radikalen, aufregenden Welt, in der die Menschen diskutierten und redeten, schrien und Artikel schrieben und Vorträge hielten. Nun waren wir abends nicht mehr allein. Unser Wohnzimmer wurde immer voller. Jakob brachte seine Freunde mit, und alle wechselten sich beim Butterbrotschmieren, beim Teekochen und beim Öffnen von Bierflaschen ab. Mutti und ich wurden mit neuen Büchern gefüttert, mit Zeitungen über Entwicklungsländer, Rassenfragen, Gleichberechtigung, Vietnam, den Nahen Osten.
Erst damals begriff ich – oder vielleicht sogar erst heute, wie isoliert Mutti in Åstad gewesen sein mußte. Hauptsächlich natürlich wegen ihrer Arbeit. Eine Provinzärztin hat ja fast nie frei, und sie hatte dort einen riesigen Bezirk zu betreuen. Dann kam noch hinzu, daß sie geschieden war. Eine alleinstehende Frau läßt sich nicht so leicht auf Mittagseinladungen beim Rektor oder Fabrikdirektor oder beim Bürgermeister unterbringen. Vielleicht war sie daran gewöhnt, daß sie

zu einem Krankenbesuch war oder beim Essen aufsprang und zum Telefon lief. Ich fühlte mich trotzdem behütet, denn sie war ja da, im Haus, und es machte Spaß, einen Blick ins Wartezimmer zu werfen und ein bißchen mit den Leuten zu schwatzen. Außerdem hatte ich ja euch jenseits der Fliederhecke. Aber wie Muttis Privatleben in all den Jahren verlief, darüber habe ich wirklich nie nachgedacht.
Hatte sie eigentlich Freunde außer deinen Eltern? Liebte sie jemanden? Ich meine, einen Mann? Glaubst du, daß es einen gab, von dem ich nichts wußte, daß sie meinetwegen nicht wieder heiratete? Sie ist ja noch jung – nicht einmal fünfundvierzig.
Merkwürdig, als wir nach Stockholm kamen, hatte sie dort auch keine Freunde, ich meine Studienkameraden oder so. Sie hatte jetzt mehr Zeit für mich. Aber bevor Jakob und sein Kreis in Erscheinung traten, blieb unser Kontakt auf Agnes und einige wenige Kollegen beschränkt.
Glaubst du – glaubst du, daß man – ach wie soll ich mich ausdrücken? – daß man »lebenslänglich« einsam wegen einer Scheidung bekommt? Bei Vati war es der Fall. Das weiß ich jetzt, nachdem ich ihn im Herbst bei Großmama traf. Habe ich dir übrigens davon erzählt?
Aber vielleicht ging es Mutti auch so. Deswegen betäubte sie sich mit Arbeit und nutzte all ihre freie Zeit, um eine gute Mutter zu sein. Andere Interessen hatte sie nicht. Bis Jakob kam. Ich kann mich nicht daran erinnern, daß wir jemals daheim in Åstad über Politik gesprochen hätten.
»Hast du dich niemals für Politik interessiert, als du in Uppsala studiertest?« habe ich sie einmal gefragt. »Schließlich kamst du doch aus einer armen Arbeiterfamilie!«
»Du bedenkst nicht, daß das während des Krieges war. Da

gab es nur eine einzige ehrliche, politische Meinung, nämlich die, daß das Gute siegen und das Böse vernichtet werden müßte. Es ist in gewisser Hinsicht schön und vor allem einfach, wenn schwarz schwarz ist und weiß weiß.
Übrigens«, fuhr sie fort, »hatte man auch noch etwas anderes im Kopf, nämlich zu arbeiten, damit die Studienschulden nicht zu hoch wurden. Mein Onkel August hatte eine Eisenhandlung und war der Kapitalist der Familie. Deswegen hatte er Bürgschaft für mich geleistet. Er schrieb mir jedes halbe Jahr und fragte, ob ich immer noch nicht fertig wäre.«
Komisch, daß das noch gar nicht so lange zurückliegt. Wenn Mutti davon erzählt, wie es in ihrer Kindheit droben in Norrbotten war, klingt das wie ein Märchen aus dem neunzehnten Jahrhundert.
Jedenfalls glaube ich, daß Mutti sehr glücklich darüber war, daß sie ihr neues Engagement – ich muß das Wort hier gebrauchen, obwohl es so abgenützt und mißhandelt worden ist – in die Tat umsetzen konnte, als ihr die Stelle in einem Krankenhaus in Pakistan angeboten wurde. Erst zögerte sie noch und meinte, sie müßte doch während meines letzten Schuljahres bei mir bleiben. Aber Jakob und ich überredeten sie.
Anfangs meinten wir, daß ich allein in der Wohnung bleiben sollte, vielleicht mit einer Kameradin. Im übrigen bestand ja keine Gefahr, daß ich allzu einsam sein würde.
Aber dann kam Mutti auf den Gedanken, daß ich zu Agnes ziehen sollte, ihrer Cousine, mit der wir in lockerer Verbindung standen, nachdem wir nach Stockholm gekommen waren. Agnes ist viel älter als Mutti, fast sechzig oder so ungefähr. Sie war gerade Witwe geworden und wohnte allein in ihrer großen Wohnung in Östermalm. Jakob war sofort

dagegen. Er fand, es wäre spießbürgerlich, daß Mutti mich nicht allein hausen lassen wollte. Aber das war es wirklich nicht. Mutti wußte ja, daß Jakob und ich zusammenlebten. Sie hatte mir selbst ein Verhütungsmittel besorgt.
Jakob schlug vor, daß wir heiraten sollten. Ich war schließlich in diesem Sommer achtzehn geworden.
Du kannst dir sicher vorstellen, daß mich der Gedanke an eine Ehe mit Jakob glücklich machte.
Aber es ist sonderbar. Ich glaube fast, daß sein Vorschlag zu heiraten, ein – nein, nicht Anfang vom Ende, es ist ja nicht zu Ende zwischen uns, aber vielleicht der Anstoß zum Erwachen für mich war. Freilich ahnte ich es damals noch nicht. Ich liebe ihn ja, falls ich überhaupt weiß, was Liebe ist. Mit diesem großen Wort wirft man so leichtfertig um sich. Überall hört und liest man es, nimmt als selbstverständlich hin, daß man seine Bedeutung kennt wie bei »essen« oder »denken« oder »laufen«.
Aber wenn wir zusammen sind, Jakob und ich, bin ich fast immer vollkommen glücklich. Vielleicht kommt es daher – ich weiß nicht, wie ich's erklären soll –, daß wir zumindest erotisch auf der gleichen Stufe stehen. Ach, es ist schwer zu sagen, weil ich es selbst nicht einmal richtig weiß.
Ich war so himmlisch naiv, als ich, das Mädchen vom Land, Jakob kennenlernte.
Damals begann eine wunderbare Zeit für mich. Es war, als risse mich ein starker, wirbelnder Strom mit. Ich drehte mich, tauchte unter, schluckte kaltes Wasser, wurde hierhin und dorthin geworfen, kam kaum wieder zu Atem. Jakob war so stark, so reif, so kenntnisreich, so selbstsicher und wußte genau, was er aus seinem Leben machen wollte. Und ich – ich lebte mit ihm und durch ihn.

Alle um mich herum waren so viel älter als ich, waren erwachsen. Alle, auch ich selbst, vergaßen, daß ich nur ein Schulmädchen war, ein Stück Ton zum Modellieren, das nun geformt werden mußte, in das man Leben hineinblies.
Langsam fand ich heraus, daß ich einer ausgestopften Puppe glich, einer Puppe, die sprechen und nicken konnte, die intelligente und verständige Antworten gab und eine Menge über wesentliche Probleme wußte, über soziales Engagement und Proteste und über alles, was du willst. Nur über mich selbst wußte ich absolut gar nichts!
Als Jakob davon anfing, daß wir heiraten sollten, bekam ich Angst. Gleichzeitig wunderte ich mich darüber, daß ich so empfand. Alles war so verworren.

Deswegen schien mir Muttis Idee mit Agnes eine wunderbare Lösung zu sein. Ich mag sie schrecklich gern. Sie ist so klug, so lebendig, und man kann so gut mit ihr reden. Oft sitzen wir zusammen am Küchentisch, trinken Tee und unterhalten uns, wenn wir von der Schule nach Hause kommen.
Jakob rümpft jedoch die Nase über Agnes, findet sie bürgerlich. Er rümpft auch die Nase über seine Eltern. Sein Vater ist ein großer Bauunternehmer und ein hohes Tier in der konservativen Partei, außerdem Ritter vom Vasaorden. Er hat als einfacher Arbeiter angefangen und kann nicht begreifen, warum sein Sohn herumquengelt, obwohl die Eltern es doch weit gebracht haben, eine feine Villa besitzen, ein Auto und eine Motorjacht, obwohl der Vater als junger Mensch in den dreißiger Jahren arbeitslos war. Immer müssen sie miteinander streiten, Jakob und er. Sie sind beide so eigensinnig und streitlustig.
Ja, das ist wirklich ein Problem: der Unterschied zwischen

den Generationen. Agnes und ich diskutieren oft darüber. Es sind nicht nur die unterschiedlichen Ansichten von jung und alt. Agnes, die seit dreißig Jahren am Gymnasium unterrichtet und große Erfahrung hat, meint, daß die Kluft zwischen denen klafft, die vor 1945, und denen, die nach dem Krieg geboren wurden. Aber ich persönlich verspüre oft einen größeren Abstand zwischen mir und anderen aus meinem Jahrgang als zwischen mir und Agnes oder Mutti. Demnach wäre auch das, wie so vieles, individuell verschieden. Aber Agnes sagt auch, daß es für die ältere Generation gar nicht so einfach sei, mitzukommen. Man will nicht gleich auf alles hereinfallen und bejahen, nur weil es eben neu ist. Man möchte nicht unselbständiger Mitläufer sein und um jeden Preis die Meinungen der jüngeren Leute teilen, nur um verständnisvoll genannt zu werden. Man muß seine eigenen Voraussetzungen überprüfen.
Vielleicht wunderst du dich, warum ich soviel über Agnes und ihre Anschauungen schreibe, obwohl ich doch eigentlich von Jakob erzählen wollte. Aber ich möchte gern den richtigen Hintergrund für unseren Streit geben.

Vielleicht waren es zwei Bücher, die ich am Nachmittag gelesen hatte und die auf meine Stimmung wirkten.
Das eine war seltsamerweise gerade das, was ich zu Weihnachten von dir bekam: »Der Weiblichkeitswahn« von Betty Friedan. Wie du schriebst, bedeutete es dir selbst sehr viel, und ich müßte es lesen.
Es ist zwar eine Schande, aber ich tat es nicht. Ich schaffte es einfach nicht, ein so fein stilisiertes englisches Buch zu lesen. Aber dann entdeckte ich die schwedische Übersetzung bei Agnes, und als unsere junge Geschichtslehrerin, die in

Amerika war, auf dieses Buch zu sprechen kam, war ich die einzige in der Klasse, die davon gehört hatte. Vor einiger Zeit fragte sie mich, ob ich nicht ein Referat darüber halten wollte, und so fing ich endlich mit der Lektüre an.

Es ist wirklich ein sehr interessantes und anregendes Buch, wenn auch das, was über die Situation der amerikanischen Frauen gesagt wird, kaum für uns in Schweden gelten kann. Vor allem, daß wir schon seit der Schulzeit eingetrichtert bekommen, die einzige Möglichkeit, glücklich zu werden, liege für ein Mädchen in ihrer femininen Rolle, nämlich Hausfrau und Mutter zu sein. Es wirkt doch schaurig, wenn sie schildert, daß die amerikanischen Mädchen sich immer früher verheiraten, mehr und mehr Kinder bekommen und sich hysterisch der Hausarbeit widmen und dem Aufbauen eines Status, während sie gleichzeitig zum Psychiater rennen, um ihre Neurosen und ihre Unzufriedenheit auszukurieren.

Aber davon wollte ich jetzt eigentlich nicht sprechen. Es ging nur um einen Abschnitt, den ich am Sonnabend in Betty Friedans Buch fand und der eine Art Erklärung für meine eigene, unbestimmte Unzufriedenheit gab. Ich habe das Buch zufällig mitgenommen und kann einfach abschreiben:

»Die ernsteste Krise in der Entwicklungszeit habe ich als Identitätskrise bezeichnet. Sie tritt in dem Zeitraum auf, in dem der junge Mensch sich seine Perspektiven selbst schaffen, sich seinen eigenen Weg suchen und sich für eine berufliche Identität entscheiden muß, wenn die Reste der Kindheit und die Erwartungen, die er ans Erwachsenenleben stellt, in Einklang gebracht sein wollen, wenn der junge Mensch den Zusammenhang zwischen dem, was er über sich selbst weiß, und den Ansprüchen, die andere an ihn stellen, immer bewußter empfindet...«

Ich legte das Buch beiseite.

Dies mit der Identität ... Perspektiven für sich selbst ... Sich entscheiden, was man tun will, was man sein will ...

Es muß einen Zusammenhang geben zwischen dem, was man über sich selbst weiß, und dem, was andere von einem erwarten. Was wußte ich denn von mir selbst, was ich tun wollte?

Ach, Unsinn! Das war ja seit langem entschieden! Ärztin wollte ich werden.

Aber warum?

Natürlich, weil ich Muttis Vorbild vor Augen hatte. Wir drei, Mutti, Jakob und ich, hielten das für selbstverständlich. Die Gesellschaft, die Welt braucht Ärzte. Mutti ist Ärztin, ich besuche den naturwissenschaftlichen Zweig des Gymnasiums. Jakob und ich wollten nach Beendigung unserer Studien nach Afrika gehen und dort gemeinsam arbeiten.

Sogar Vati hatte mir zugestimmt: »Werd du nur Ärztin, mein Herz! Das ist ein gutes Handwerk, besser als erfolglose Schriftstellerei.«

Aber was wollte ich selbst? Wollte ich Ärztin werden? Weshalb war ich so sicher?

»Ich stell' dir das Essen auf den Küchentisch«, sagte Agnes und steckte den Kopf zur Tür herein. »Du weißt ja, heute bin ich eingeladen.«

»Agnes«, rief ich hinter ihr her, »Agnes, wann hast du deine Identität gefunden?«

»Was sagst du? Meine Identität? Ja, laß mich mal nachdenken. Da war ich wohl schon über vierzig. Übrigens bin ich nicht sicher, ob ich sie gefunden habe.« Sie lachte und knöpfte ihre Schürze los. »Liest du gerade Betty Friedan?«

»Ja.«
»Wenn du zuviel davon gelesen hast, brauchst du vermutlich ein bißchen Aufmunterung. Nimm dir ein Buch, das ich mir aus der Bibliothek geliehen habe. Es liegt im Wohnzimmer. ›Der Hund, der endlich pfiff‹, heißt es. Ein köstliches Buch.«
Zweimal mußte Jakob klingeln, bis ich ihn hörte. Wie herrlich war es mit Nulle und Arthur, mit Merit und den beiden Hunden, dem Pudel Franz Suell und dem Boxer Kognak. Das war der, der pfeifen konnte.
Mit dem Buch in der Hand und einem Grinsen in den Mundwinkeln lief ich hinaus.
»Hei, Liebling, wie geht's dir?«
»Ach, bin ein bißchen müde!«
»Was haben sie im Krankenhaus gesagt?«
»Ich soll wiederkommen. Am Dienstag soll ich alles erfahren. Der Arzt ist verreist.«
»Ach so, hm. Gut. Hast du den Artikel gelesen, den ich dir geschickt habe?«
»Nein!«
Ich hätte natürlich sagen können: »Ich hatte noch keine Zeit dazu, ich hab's nicht geschafft.« Aber das tat ich nicht. Sagte einfach nein.
»Aber warum denn nicht? Ich hab' mich darauf gefreut, mit dir darüber zu diskutieren.«
»Nein, ich hab' statt dessen dieses Buch gelesen. Ein reizendes Buch. ›Der Hund, der endlich pfiff‹, heißt es.«
»Noch nie davon gehört. Wer hat's geschrieben?«
»Max Lundgren.«
»Ist das nicht ein Kinderbuchautor?« Jakobs Stimme klang ein wenig verächtlich.
»Ja, aber dies hier ist für Erwachsene. Sein erstes.«

»Wovon handelt es?«
»Ja – von Liebe.«
»Pornographie?«
»Keine Spur. Es handelt von einem Arthur, der furchtbar dick ist, und Nulle, der trinkt und einen Hund hat mit Namen Kognak, und von einem Mädchen, das Arthur liebt und das an Krebs stirbt. Da fährt Arthur in ganz Schweden herum, und schließlich erreicht er ... Aber nein, das mußt du selbst lesen, das kann man nicht erzählen. Lies es selbst!«
»Vielen Dank, aber ich muß mich mit Literatur befassen, die wesentlicher ist.«
Da stieg plötzlich eine häßliche, kalte Wut in mir hoch.
»Wer entscheidet eigentlich darüber, welche Literatur wesentlich ist?« fragte ich langsam.
»Aber Liebling, es ist doch klar, daß das jeder für sich tun muß. Jeder muß wissen, was für ihn wesentlich ist.«
»Wie kannst du wissen, ob Max Lundgrens Buch wesentlich ist, wenn du's gar nicht kennst?«
»Na, nach deiner Beschreibung schien es mir ...«
»Wenn ich gesagt hätte, daß es von Milieugeschädigten im Mälardistrikt handelt oder von Rassenfragen in den USA, vom Hunger in Indien – dann hättest du es sofort für wesentlich gehalten, nicht wahr?«
»Natürlich, denn dann ginge es ja um wichtige und wesentliche Probleme.«
»Sind nicht die Einsamkeit des Menschen und das Verlangen nach Liebe und Trost auch wesentlich?«
»Natürlich!«
»Na, also!«
»Ich begreife gar nicht, was heute mit dir los ist, Schatz! Du wirkst so aggressiv!«

Er kam und legte seinen Arm um meine Schultern. Aber ich entzog mich ihm und ging zum Fenster. Zorn stieg wie eine ekelhafte dicke Flüssigkeit in mir hoch.
»Im übrigen kann ich dir nicht das Recht zugestehen, darüber zu bestimmen, was für mich wesentlich ist und was nicht.«
»Natürlich, so haben wir's doch immer gehalten!«
»So? Wirklich? Hast du, habt ihr alle jemals etwas anderes getan, als mich mit euren Ansichten vollzustopfen wie eine Wurst? Dies mußt du denken, und das mußt du tun ... Dies kannst du lesen, aber das ist dumm und reaktionär, dies undemokratisch, das ist Kapitalismus und dies Sozialismus...«
»Aha, ich verstehe! Da war Agnes am Werk!« sagte Jakob eiskalt.
»Agnes, wie meinst du das?«
»Oh, ich weiß genau, wie verführerisch sie wirken kann mit ihrem Sinn fürs Historische und ihrem überlebten alten Liberalismus!«
»Agnes ist viel zu klug, um andere Menschen zu beeinflussen. Das kannst du mir glauben!« sagte ich.
»Ja, sie ist ganz bestimmt schlau genug, es dich nicht merken zu lassen, meine Liebe! Darin hat sie ja nach so viel Jahren in der Schule genug Übung!«
»Hör sofort mit Agnes auf! Du weißt genau, daß sie in vielen wichtigen Fragen die gleichen Ansichten hat wie du: was Vietnam und das Rassenproblem betrifft oder die unterentwickelten Länder, die Lage der Studenten und was sonst noch alles. Ja, und was den Nahen Osten angeht, so versucht sie, die Araber zu verstehen. Übrigens handelt es sich hier nicht um Ansichten«, sagte ich und drehte mich um. Ich sah ihm in die Augen.

»Wenn es sich nicht um Ansichten handelt, um was geht es dann, Liebling?«
»Es handelt sich darum, daß ich Ruhe haben will. Begreifst du denn nicht? Ich muß doch einmal Gelegenheit haben, einen einzigen kleinen Satz selbst zu denken. Ich – verstehst du nicht, daß ich nicht nur das denken möchte, was ihr alle denkt, daß ich – Spielraum haben muß, daß ich in meine – eigene Spur hineinwachsen will und nicht – nicht verwandelt werden möchte in eine sprechende Puppe, einen plappernden Papagei, dem man die richtigen Wörter beigebracht hat.«
»Aber, Annika, nun bist du wirklich ungerecht! Ich kenn' dich gar nicht wieder!«
»Nein, und ich kenne mich auch selbst nicht mehr! Das kommt vermutlich daher, weil ich nicht mehr so bin wie früher.«
»Du bist müde, Liebling! Du bist wahrscheinlich blutarm. Wenn man sich nicht gut fühlt, sieht alles so verdreht aus.«
»In dieser Hinsicht bin ich nicht müde, Jakob. Ich bin zwar im ganzen müde, das stimmt. Deswegen nehme ich mich ja nicht zusammen, sondern versuche, die Wahrheit zu sagen.«
»Und was ist die Wahrheit?«
»Ich will, daß wir miteinander Schluß machen.«
Ich erschrak fast ebensosehr wie er, als ich meine Stimme diese Worte sagen hörte.
»Annika, das ist doch nicht dein Ernst! Wir, die – wir, wir uns so gut verstehen. Du hast mich so...«
»Aber verstehst du nicht, daß man eines Tages genug davon hat, immer die Kleine zu sein, die Unwissende, die Gedankenlose, die Unlogische, diejenige, die erzogen werden soll, ausgefüllt, geformt wie ein häßlicher Klumpen Ton?«
Ich brach in lautes Weinen aus.

Und dabei blieb es. Natürlich wollten wir nicht Schluß machen. Ich war doch nur müde. Aber ich merkte, daß er meinen Standpunkt verstand. Er hatte nur nicht geahnt, daß ich es so empfand. Er bat mich um Verzeihung, um – was – weiß ich nicht. Alles würde gut werden, wenn ich nur nicht länger traurig wäre. Die Eisentabletten sollte ich erst einmal wirken lassen.
»Leg dich nur ins Bett, tüchtiges Mädchen«, sagte er. »Dann setz' ich mich daneben. Sieh mal, Liebling, hier hast du mein Taschentuch. Deins ist ja schon ganz naß – so – so...«
Verflixte Tränen, die immer alles verderben!
Das kleine Mädchen legte sich natürlich ins Bett und trocknete sich die Augen und putzte sich ihr süßes kleines Näschen und preßte ihre heiße Wange gegen seine. Und bald lag er daneben und küßte ihren Mund, ihren Hals und ihre Brust.
Und sehr bald hatte das tüchtige kleine Mädchen vollkommen vergessen, daß es sich über ein so schönes und kompliziertes Wort wie Identität aufgeregt hatte.

Du, Helena, als ich durchlas, was ich über Jakob geschrieben habe, fand ich, daß das ziemlich garstig klingt. Er wirkt so dickköpfig und humorlos. Aber das ist er gar nicht. Man muß im übrigen wohl ein bißchen uneinsichtig und querköpfig sein, wenn man in dieser Welt etwas ausrichten will. Aber wir sind so verschieden. Er ist der typische Großstadtmensch. Er weiß nicht, was es heißt, einsam zu sein. Für ihn besteht die ältere Generation nur aus Knallköpfen, gegen die man ankämpfen muß. Er weiß viel über Not und Hunger und über das Leid in der Welt und solche Dinge, aber manchmal scheint es, als ob dieses Leiden ihm gar nicht selbst unter die Haut geht, sondern als ob die Rettung der Welt nur ein ratio-

naler Forschungsauftrag wäre. So muß es wohl sein – mit Empfindsamkeit kommt man nicht weit. Aber – ach ich weiß nicht, wie ich's erklären soll...
Ich merkte das zum erstenmal, als ich versuchte, mit ihm über Vati zu sprechen – und als ich ihm vom Altersheim erzählte. Er verstand gar nicht, was ich sagte. Es war einfach unerfreulich.
Als ich nach meiner Arbeit im Sommer hierher zurückkam, schrieb ich eine kleine Novelle oder Erzählung über meine Erlebnisse. Ich fand sie Weihnachten wieder und las sie Jakob vor.
»Wirklich eine rührende Geschichte!« sagte er, als ich fertig war.
»Rührende Geschichte...« In diesem Augenblick haßte ich ihn.
Natürlich ist es schlimm, daß man glaubt, er könnte verstehen, begreifen. Wie sollte er! Für mich aber war das unglaublich wichtig und auf gewisse Weise umwerfend, fast so, als wäre ich ein anderer Mensch geworden.

Den ganzen Herbst lebte ich weiter mit all diesen Menschen. Noch heute wache ich auf und glaube, daß ich Ellen höre.
Ellen saß schweigend am Eßtisch, aß beinahe nichts und antwortete kaum, wenn jemand mit ihr sprach. Saß da mit ihren leeren, wasserblauen Augen in dem Madonnengesicht.
Aber nachts war sie vollständig verändert – genau wie es in den Märchen geschieht. Da hatte sie merkwürdige Tobsuchtsanfälle, gegen die kein Schlaf- oder Beruhigungsmittel half. Sie trug wilde Kämpfe mit einer alten Rivalin aus ihrer Jugend aus, die sie mit Schimpfwörtern und den übelsten Verfluchungen geradezu überschüttete.

Ihre heisere Stimme sank und stieg, schrie und schimpfte. Möbel flogen um, die Wände bebten.

»Dir werd' ich's geben, du verdammte Diebin... Du Schlampe... Du Aas... Mich hat er geliebt!«

Das erstemal – es geschah nicht in jeder Nacht – war ich zu Tode erschrocken. Saß im Bett, die Arme über dem Kopf. Durch die Wand floß ihre Angst in mich hinein wie ein Mittel, das den Schweiß aus allen Poren treibt, und ließ mein Herz bis zum Trommelfell klopfen.

Überhaupt waren die Nächte schwierig. Ich brauchte keine Nachtwache zu halten; aber ich konnte nur schlecht schlafen, selbst wenn Ellen ruhig war. Im Haus war es so unruhig. Die Alten husteten und krächzten, machten sich naß. Und manchmal starb einer.

Eines Nachts, als ich zur Toilette mußte, traf ich Frau Olander.

Um zur Toilette zu kommen, mußte man die große Halle durchqueren, die im unteren Stockwerk lag. Tagsüber war dies ein sehr hübscher Raum. Das Heim war nämlich ein ehemaliger Herrenhof mit großen Treppen und mit vielen Fenstern. Aber im grauen Dämmerlicht wirkte die Halle nur bedrückend.

Rollstühle, Musikinstrumente, Missionszeitschriften und der Webstuhl mit dem Flickenteppich machten einen fast feindlichen Eindruck. Die Uhr tickte so unfreundlich, die Luft war stickig. Oben auf der Treppe glühte das rote Auge der Nachtbeleuchtung. In der Ferne sang jemand einen Choral.

Das Weinen hörte ich erst, als ich zurückkam. Es war das Weinen eines erwachsenen Menschen mit kurzen, schlukkenden Schluchzern. Dann wurde es still.

Erst glaubte ich, daß ich mir das ganze eingebildet hätte.

Aber als ich die Tür schließen wollte, fing es wieder an.
»Ist da jemand?« rief ich ziemlich leise.
Da löste sich plötzlich aus einer dunklen Ecke eine Gestalt, ein nebelhaftes Wesen in einem gespensterhaften weißen Gewand.
Als ich näher kam, sah ich, daß es die kleine Frau Olander in ihrem langen Nachthemd war. Ich legte meine Hand auf ihren Arm und spürte, daß er eiskalt war. Die blauen Babyaugen schauten mich an, ohne mich zu erkennen. Aber ihre Hände umklammerten meine.
»Oh, hilf mir, hilf mir! Liebe Gute, hilf mir... Ich finde mich nicht zurecht. Ich weiß nicht, wo mein Zimmer ist – ich...«
Wieder fing sie an zu weinen, dünn und klagend wie ein verlassener junger Hund. Ihr runzliges Kleinmädchengesicht mit den Lockenwickeln an den Schläfen und der Stickereikrause am Hals war so elend, daß auch ich fast in heftiges Schluchzen ausbrach.
»Ich wollte – ach, ich weiß nicht mehr – ich dachte gerade, daß meine Tochter... Ja, daß meine Tochter...« rief sie mir zu. »Da bin ich aufgestanden, und dann fand ich nicht – ach, wie lieb Sie sind, Fräulein. Sind Sie's, die hier Nachtwache macht? Glaub' nicht, daß ich Sie schon mal gesehen hab'.«
Arme Frau Olander! Sie erkannte niemanden! Niemals fand sie in ihr Zimmer zurück. Sie war gesund, aber total verkalkt. Das einzige, was sie nicht vergaß, war, daß sie eine Tochter in Stockholm hatte, die sie nie besuchte. Aber wenn diese Tochter endlich doch einmal erschien, vergaß Frau Olander sofort, daß sie dagewesen war.
Aber am häufigsten muß ich an Herrn Andersson denken!
Ich glaube, daß ich nie zuvor einem so unglücklichen Menschen begegnet bin.

Wir trafen ihn auf der Treppe zur Halle, die Schwester und ich. Das war am ersten Tag. Er drückte sich an die Wand, um uns vorbei zu lassen. Obwohl es draußen glühend heiß war, trug er einen schwarzen Anzug. Sein Gesicht und seine Hände waren von krankhafter Blässe, die Haut wirkte gespannt. Sein Kopf hing herunter wie der eines müden Pferdes. Es war unmöglich zu sagen, ob er vierzig oder siebzig Jahre alt war.

»Heute nachmittag gibt's Tabak«, sagte die Schwester. »Der Verwalter hat mir versprochen, heute Geld, Tabak und Schnupftabak auszugeben.«

Ein Zucken, die Andeutung eines Lächelns huschte um Herrn Anderssons Mund.

»Heute ist der Tag der Volkspensionäre«, erklärte mir die Schwester hinterher. »Seit einigen Tagen hat Herr Andersson keinen Tabak mehr. Aber obwohl dies seine einzige Freude ist, würde er sich nie etwas von anderen anbieten lassen! Er nimmt keinen Krümel an, den er nicht selbst bezahlt!«

»Er macht einen kranken und furchtbar unglücklichen Eindruck. Was ist mit ihm?«

»Tja, der Arzt sagt, daß es nichts Körperliches ist. Er leidet seit vielen Jahren unter Depressionen. Erst lebte er mit seinem Vater zusammen, einem ziemlich vermögenden Landwirt, nicht weit von hier. Aber dann starb der Vater, und Andersson übernahm den Hof und versuchte es mit der Wirtschaft. Doch es klappte nicht. Alles verfiel, und das Geld lief ihm durch die Finger. Schließlich übernahm die Familie den Hof, und nun bezahlen sie für ihn. Eine Cousine bewirtschaftet seinen Besitz.«

»Aber warum trägt er bei dieser Hitze einen schwarzen Anzug?«

»Weil er immer richtig angezogen sein möchte für den Fall, daß jemand kommt, um ihn zu besuchen oder zu holen. Es ist jeden Tag dasselbe. Und manchmal stolpert er hinaus auf die Straße, um irgend jemand zu treffen. Dann kommt er immer graubleich zurück, verschwitzt und verstaubt.«
»Wie furchtbar! Aber – könnte er denn nicht daheim auf seinem Hof wohnen, bei dieser Cousine?«
»Sie haben es wohl versucht. Aber dann hatte er Heimweh nach uns.«
Ach, da schreib' ich wieder so etwas, das mich zum Weinen bringt. Oh, was hab' ich mir für eine Mühe gegeben, um Herrn Andersson aufzuheitern, aber es ist mir niemals gelungen.
Man kam ihm nie nahe. Er war in sich selbst eingesperrt wie in einen Käfig.

Manchmal, wenn ich nicht schlafen konnte, ging ich hinauf, setzte mich ans Fenster und sah, wie die Nacht langsam über dem Garten heller wurde. Ich mochte diese weißen, leblosen Sommernächte nicht. Die Natur wirkte so zornig und gefährlich, so als ob sich ein bösartiges Wesen hinter den Hekken und Büschen verbarg. Die riesigen Linden, die tagsüber vom Summen der Hummeln und von Honigduft erfüllt waren, standen nun vor dem Himmel, als wären sie aus Pappe geschnitten, blaß und von einem kalten Weiß wie die Eßteller aus billigstem Porzellan im Speiseschrank.
So saß ich da in meinem Nachthemd und fühlte, wie es in mir nagte und klopfte, als ob ich selbst von etwas Überwältigendem erfüllt wäre – etwas Schrecklichem und gleichzeitig unglaublich Wichtigem.
Vielleicht war es eine Erfahrung oder ein Mitfühlen oder – ja,

irgend etwas Wertvolles, aber doch schrecklich Quälendes, von dem ich mich nie frei machen würde.

Hei, du, nun bin ich wieder hier.
Irgendwie bin ich ins Bett gekommen und hab' während der restlichen Nacht und tief in den Morgen hinein wie ein Stein geschlafen.
Immerhin, es war richtig schön, wieder aufzuwachen. Du weißt ja, das Erwachen zu neuer Trauer ist sonst eine häßliche Sache.
Während man innerlich schon ganz erwacht ist, spürt man, daß etwas auf der Lauer liegt, das sich auf einen werfen will. Ein schwerer Druck, ein unbestimmbarer Schmerz im Hinterkopf oder im Herzen, oder was immer das sein mag. Eine vergessene Angst wächst und wächst, bis man sich plötzlich mit schneidender Schärfe an alles erinnert.

Aber heute kam ich sanft davon. Mein Bewußtsein scheint sich irgendwie in zwei Schichten gespalten zu haben, in eine untere, in der ich Bescheid weiß und mich erinnere, die aber erstaunlich abgestumpft und friedlich wirkt, und in eine obere, aktive, beinahe heitere. Vielleicht geht es einem immer so nach einem Schock.
Trotz aller Ereignisse lag ich im Bett, und mir ging's fast gut dabei. Vielleicht war das Wetter daran schuld.
Die Sonne schien durch die Fenster, vor denen keine Rollos hingen, und breitete ihr Licht über den roten Nylonrosen der Bettdecke aus. Weiße Wolkenfetzen eilten über einen Himmel, der von julihafter Bläue war, und wurden von einem zornigen Westwind vorbeigetrieben.
Wäre es im Zimmer nicht so kalt gewesen und hätten die

Vögel nicht so eintönig gepiepst, dann hätte ich mir einbilden können, daß Sommer wäre, daß es sechs Uhr an einem Junimorgen wäre und nicht zehn Uhr vormittags und März.
Daß der Wind da draußen als schöner, starker Segelwind blies, den ein südöstliches Hoch über Rußland schickte. Daß das matschige, schmutziggraue Eis aufgetaut wäre und der See blau und launig gluckste; daß der Ahorn neben dem Holzschuppen mit seinen großen Laubhänden raschelte und die Eschen am Ufer die Sonnenstrahlen in ihren blanken Blättern einfingen, während der Blütenstaub um die dicklockigen Bärte des Timothygrases flog und das Zittergras mit seinem zarten Herzen bebte. Oh, oh ...
Wie froh bin ich, daß Großmama mir frühzeitig eine Menge über Pflanzen beibrachte, wenn ich in den Sommerferien bei ihr war. Es waren die Ferien, die ich eigentlich mit Vati zusammen bei Großmama verbringen sollte. Einen Monat im Jahr sollte er bei ihr mit mir verleben. Aber er kam niemals. Immer war er verhindert. Im ersten Jahr weinte ich. Nur ein bißchen, denn Großmama war sehr erfinderisch und dachte sich so viel Lustiges aus. Einmal rief sie ihn an und schalt mit ihm. Sie hatte nicht gemerkt, daß die Tür aufgegangen war.
»Na, ist's schön mit Oma und Vati?« fragte mich Mutti am Telefon.
»Vati ist nicht hier«, sagte ich. »Er kommt nicht, weil er keine Zeit hat.«

So ungefähr nach drei Sommern hörte Mutti auf zu fragen, und ich wartete nicht mehr auf ihn. Ich fing an ihn zu vergessen.
»Ich kann Sven nicht verzeihen, daß er Annika vernachlässigt«, sagte Mutti eines Tages zu Agnes, als sie dachte, daß ich schliefe.

Aber ich vermißte Vati nicht. Ich wollte lieber friedlich bei Großmama sein, die Hühner füttern, rote Johannisbeeren pflücken und beim Roden der Frühkartoffeln helfen, durch den Garten gehen und von ihr erfahren, wie all die verschiedenen Grassorten hießen. Sie haben ja so hübsche Namen, die ich niemals vergessen habe: Verlorenes Haar, Kammgras, Vogelschwinge, Wiesenschaumkraut, Berglocke und Knollenhafer, Mannagras, wehender Docht und Borstengras.
Jakob, das arme Großstadtkind, kann Timothygras nicht von Hafer unterscheiden. Als ich ihm einmal sagte, daß ich eigentlich lieber Botanikerin würde als Ärztin, wurde er ganz wild.
»Ach so, du möchtest wohl lieber am Schreibtisch sitzen und Stauden zählen, während die Welt in Trümmer geht!«
»Du bist ein Kerl! Hast du noch nichts von Zuchtbiologen gehört?« fragte ich ihn. Da war er beleidigt.
Aber natürlich wirkt ein Naturwissenschaftler, wie zum Beispiel Onkel Dahlbäck, gesetzt und unkompliziert. Neulich hörte ich einen großen, kräftigen Mann über Hummeln sprechen, als wären sie das Wichtigste auf der Welt. Das war überaus beruhigend!
Kürzlich lag ich im Bett und blätterte in meinem alten Lehrbuch über die Flora, das auf dem Regal über dem Bett steht, und berauschte mich an Wörtern: abgeplattete Blattscheiden, einseitig gedrehte Schiebblätter, Schlüsselbärtchen in Büscheln, rundliches Schirmblatt, rotbraun und in Grasbukkeln...
Stell dir vor, daß ein ganz gewöhnliches altes Zittergras, das es überall im Land auf sandigem Boden gibt, Calamagróstis epigéjos heißt! Klingt das nicht, als handele es sich um einen Nobelpreisträger der Literatur?

Übrigens habe ich heute ein richtig normales Frühstück mit einem ekligen Ei gegessen. Es heißt ja, daß man Proteine braucht.

Das Eis hat quer über die Badebucht einen Sprung bekommen. Ich war unten am Strand und schaute mich ein wenig um; aber es wehte so kalt, daß ich schnell zurücklief. Das Eis sieht kränklich aus, gelblich, und hat große Poren. Die Sonne ist wieder verschwunden und läßt alles tot und grau und so abgenutzt zurück. Ausgerechnet jetzt, wo ich Mut bekommen habe, mich wieder ein bißchen an der Schönheit der Natur und am Licht zu freuen.

Da sitze ich nun wieder an der Schreibmaschine und versuche mit Vati weiterzukommen.

Wenn ich mir vorstelle, daß ich ihn erst im letzten Herbst wiedersah, zum erstenmal seit vierzehn Jahren...

Lange wollte ich schon jemanden finden, mit dem ich über ihn sprechen konnte! Eine neutrale Person. Mit Mutti kann ich das nicht. Sie fragte natürlich, wie es ihm ging und so weiter. Obwohl ich noch ganz erfüllt von meiner Begegnung mit ihm war, konnte ich doch nichts anderes als allgemeine Phrasen aus mir herausquetschen. Ich versuchte es mit Jakob. Aber er schien überhaupt nicht daran interessiert zu sein. Ich hab' keine Ahnung, was er von Vati weiß... Jedenfalls wirkte er sehr gleichgültig, als ich auf Vati zu sprechen kam, fast ein bißchen eifersüchtig. So bildete ich es mir wenigstens ein.

Und Agnes – sie ist Muttis Cousine und ziemlich mit Familiengerede belastet. Nein, es gab niemanden.

Dieser Vati, den ich schließlich fand, ist ganz und gar mein Eigentum.

Kann immer noch die verwirrende Überraschung spüren.

Er wußte nicht, daß ich bei Großmama zu Besuch war. Es war ja bereits später September. Aber Großmama hatte Geburtstag. Ich hatte einen freien Sonnabend, und am Montag war schulfrei. So war ich hinausgefahren, um ihr zu gratulieren.
An jenem Tag war angenehmes Wetter. Sie saß in der Küche und kochte Preiselbeermus mit Birnen, als ich kam.

Vielleicht tragen alle Menschen in ihrem Herzen eine Küche mit sich herum, einen großen, warmen Raum mit einem Herd zum Brötchenbacken oder Speckbraten oder einfach nur einen Platz, auf dem man sitzt, eine Tasse Kaffee trinkt und es nicht eilig hat. Mutti und ich hatten immer kleine moderne Küchen mit Eisschrank, und sie hatte es immer eilig.
Ich wollte so gern einen Vati fürs Haus haben. Ich wünsche mir, daß in Zukunft verheiratete Männer und Frauen nur halbtags arbeiten müssen, so daß sie ein bißchen mehr Zeit füreinander und für die Kinder haben. Ich glaube, es ist wichtig, daß jemand daheim ist, wenn die Kinder aus der Schule kommen, entweder der Vater oder die Mutter. Auch wenn das Kind größer wird.
Mit Jakob kann ich nicht über Großmamas Küche sprechen, dann rümpft er die Nase und sagt, das wäre Kleinbürgerromantik. Aber darf man die nicht auch manchmal pflegen? Jakob glaubt, ich möchte, daß Frauen zu Hause bleiben und Brötchen backen... Aber ich meine doch, daß die Menschen ein bißchen Zeit haben müßten, um zusammen bei Tisch zu sitzen und miteinander zu reden, damit man sich nicht ganz fremd wird.
Großmutters Küche war wohl ein ziemlich häßlicher Raum

mit dem braunen Sofa mit den Nieten, auf dem die Katzen lagen und schliefen, mit den Linoleumbrücken und dem uralten Almanach, der voller Fliegenschmutz war und Bilder von der Stadtmauer von Visby enthielt. Die Tapete hatte ein Dreiecksmuster in Grün und Rosa, und die achteckige Wanduhr tickte wie ein Prophet, der an den Jüngsten Tag erinnert. Aber all das machte gar nichts, denn es war warm und gemütlich und roch gut. Besonders an diesem Tag. Nichts auf dieser Welt riecht so herrlich wie Preiselbeeren mit Birnen.
Die Sonne schien, und Großmama hatte einen Rosenstock von den Nachbarn bekommen.
Ich band mir eine große Schürze um und setzte mich neben sie an den Küchentisch. Mitten darauf stand ein Korb voller Birnen, die ich sogleich zu schälen begann. Großmama zeigte mir, wie ich's machen mußte.
»Heutzutage kocht kein vernünftiger Mensch mehr Preiselbeeren mit Birnen ein«, sagte sie und lachte.
»Hat man eine Birne geschält, dann spaltet man sie vom Stiel an durch, kratzt ab, was noch daran klebt, und ritzt ein Kreuz in jede Hälfte. Dann legt man sie in Wasser.«
Es duftete himmlisch nach Preiselbeeren mit Zimt, die auf dem Herd schmorten.
Großmama stand auf, um noch mehr Birnen aus dem Schuppen zu holen.
Ich erinnere mich, daß ich auf einer Schale herumkaute, als sie ging. Ich saß und blickte auf ihren kleinen Teich im Garten. Die roten und gelben Blätter des Ahorns spiegelten sich darin, so daß das Wasser aussah wie geschmolzenes Gold.
Auf dem Kies knirschten Schritte. Ich dachte, Großmama käme zurück. Da stand er plötzlich auf der Schwelle.

Ich fuhr halb in die Höhe. Eine geringelte Schlange aus Birnenschale fiel mir aus der Hand. Wir starrten uns an, ohne ein Wort zu sagen. Schauten und schauten.
Er sah einen Teenager vor sich, der Muttis Haar, Muttis Nase und Muttis Kinn hatte.
Und vor mir stand ein Mann in mittleren Jahren mit grauem Haar und dicken Tränensäcken unter den Augen, eine gealterte und häßlichere Auflage jenes jungen Mannes, der auf dem Bild zu sehen war, das auf Großmutters Kommode in der guten Stube stand. Jener junge Mann trug Bereitschaftsuniform. Doch dieses schlaffe, graue Gesicht besaß meine braunen Augen.
Ich sah eine Blutwelle durch das Grau steigen und fühlte, wie meine eigenen Wangen glühend rot wurden. Seine Hände zitterten, als er den Hut abnahm und sich den Schweiß aus der Stirn wischte.
Ich glaube, mein erster Impuls war eine intensive Abneigung.
»Ist Mutter nicht da?« fragte er langsam. Der Klang seiner Stimme beseitigte fast allen Widerwillen. Diese Stimme gehörte zu meinen tiefsten Erinnerungen, zu jener Zeit, als ich vier Jahre alt war.
In diesem Augenblick kam Großmama zurück.
Der Rest des Nachmittags war ein sonderbares Gemisch aus Schweigen, Schwatzen, Lachen, Schüchternheit, Widerstand und Furcht. Großmama hatte ein Festmahl bereitet: gekochtes Huhn mit Zitronensoße. Außerdem gab es selbstgebackene Sahnetorte und Rotwein, den Vati mitgebracht hatte. Großmamas Augen leuchteten vor Freude über kleine alberne Familienscherze und ein bißchen Dorftratsch darüber, wohin zum Beispiel Pastor Hallström fortgezogen sei, wie der neue Steuerinspektor heiße oder: »Nun stellt euch mal vor,

Olssons Junge ist doch tatsächlich in den Reichstag gewählt worden!« Immer wieder schoben sich schwarze Wände aus Tabus dazwischen – Muttis Arbeit und Vatis Arbeit –, leere Jahre, nach denen man nicht fragen konnte: »Erinnerst du dich?«

In der Nacht darauf schlief ich miserabel. Ich wälzte mich herum und versuchte Ordnung in meine neuen, recht verworrenen Gefühle zu bringen.

Es ist nicht einfach, plötzlich einen Vater zu bekommen. Auf kindliche Weise hatte man sich vorgestellt, daß man ihn vom ersten Augenblick an lieben würde. So etwa nach dem Motto: Hier spricht die Stimme des Blutes. Ich lag die ganze Nacht wach und suchte nach Klarheit in meinen Gedanken und Gefühlen. Den ersten impulsiven Widerwillen, der mich beim Anblick seines heruntergekommenen Äußeren überfiel, hatte ich fast überwunden. An seine Stelle rückte langsam eine andere Empfindung, nicht Sympathie oder Liebe, sondern eine Art – ach, wie soll ich's ausdrücken? Sagen wir, ein Gefühl für Zusammengehörigkeit.

Ich spürte ganz einfach, daß ich ihm ähnlich war.

Das erschreckte mich. Und gleichzeitig erwachte eine Zärtlichkeit, ein dunkles Gefühl des Wiedererkennens.

Wenn er nicht am nächsten Tag krank geworden wäre, dann wären meine Gefühle vermutlich in diesem vagen Stadium geblieben. Am frühen Morgen jedoch bekam er eine Nierenkolik, und ich wurde seine Krankenpflegerin. Großmama konnte wegen ihres schlimmen Knies nicht die Treppe zum Giebelzimmer hinaufsteigen.

Vielleicht war das mit dem Knie gar nicht so gefährlich. Ich glaube eher, sie wollte uns die Möglichkeit geben, vertrauter miteinander zu werden.

Niemand hatte jemals mit mir über Vati gesprochen, nicht einmal Mutti. Und Großmama vermied es, wohl aus einem Gefühl der Loyalität gegen Mutti. Großmama war immer hochanständig gegen Mutti. Einige Tatsachen waren mir bekannt. Aber warum sie sich hatten scheiden lassen, das war mir niemals richtig klargeworden.
»Warum habt ihr euch scheiden lassen?« fragte ich Mutti einmal.
»Er lernte eine andere kennen«, antwortete sie kurz.
»Aber er hat sich doch nie wiederverheiratet?«
»Nein, es ist nichts daraus geworden.«
Ein anderes Mal fragte ich Großmama: »Was war eigentlich der Scheidungsgrund für meine Eltern?«
»Sie paßten nicht zusammen«, sagte sie.
Mehr erfuhr ich nicht. Und ich gab mir auch keine Mühe, mehr darüber zu erfahren. Zu jener Zeit interessierte ich mich nicht für Vati.
Natürlich hätte ich gern einen Vati gehabt. Dich und die anderen Freundinnen habe ich schrecklich beneidet. Aber das galt dem Begriff »Vater«, nicht meinem Vati als Person.
Am Montagnachmittag rief ich Mutti an und teilte ihr mit, daß ich noch ein paar Tage bei Großmama bleiben wollte.
»Vati ist hier. Er ist krank«, erklärte ich ihr. Es wurde ganz still im Telefon.
»Gut«, sagte sie. »Tu, was du für richtig hältst. Habt ihr einen Arzt gerufen?«
Ich weiß selbst nicht, wie es kam, aber in diesem Augenblick hatte ich das Gefühl, daß sie ihn immer noch liebte.

Meistens saß ich auf einem Schemel am Fenster und schaute über den Hügel hinter dem Stall. Das schöne September-

wetter war in Wind und Nieselregen übergegangen. All die gelbroten Ahornblätter, die den kleinen Teich mit Gold gefüllt hatten, hingen wie feuchte Lappen herunter, und die Astern ließen ihre traurigen, lilafarbenen Köpfe aufs Beet hängen. Aber das Himmelsgrau füllte den Bodenraum mit einem milden Tageslicht, das beruhigend und gleichzeitig geheimnisvoll war.
In den ersten Stunden waren wir immer noch ein bißchen schüchtern miteinander. Aber durch Vatis Krankheit regelte sich alles auf eine einfache und selbstverständliche Weise. Zeitweilig hatte er große Schmerzen, und ich lief oft in die Küche hinunter zu Großmama, um die alte rote Gummiwärmflasche mit frischem warmem Wasser aufzufüllen.
Vati lag hoch aufgebettet unter dem Giebel in dem breiten Bett mit den rotgestreiften Kissenbezügen und der Decke, die nach Mottenpulver und Feuchtigkeit roch.
Zuerst war er ganz still. Manchmal schaute er mich mit einem sonderbaren schwachen Lächeln an und brachte hier und da ein paar Phrasen heraus: über das Wetter, über Großmamas Knie, über das Leben in Stockholm und solche Sachen. Er gab sich spürbar Mühe, gepflegt zu sprechen, verbesserte sich hastig, wenn ihm ein Fluch entwischen wollte, der schon halb draußen war, und ersetzte ihn im letzten Augenblick durch andere, harmlosere Kraftausdrücke.
Aber an dem Tag, als das Fieber stieg und die Schüchternheit schwand, flossen die Worte aus seinem Mund wie ein atemloser Fluß.
»Mein ganzes Leben lang habe ich die Schuld auf etwas anderes geschoben«, sagte Vati und starrte an mir vorbei auf den roten Scheunengiebel. »Immer auf etwas anderes, auf einen Menschen, auf die Umstände...«

Ich wußte nicht, worüber er zu mir sprach. Oder zu sich selbst. Es klang, als wären es Fetzen eines alten, abgenutzten Selbstgesprächs, das er immer wieder durchdacht hatte.
Manchmal war es so, als wäre er gar nicht richtig da. Das Fieber und die Schmerzen jagten wohl seine Gedanken umher. Vielleicht war es auch die Erregung darüber, daß ich anwesend war.
Ich selbst war während dieser ganzen Zeit von einer merkwürdigen, leise klopfenden Spannung erfaßt. Jedes seiner Worte schrieb ich in meinen Kopf.
»Es ist schön, wenn man die Schuld auf etwas schieben kann. Das bietet einem die Möglichkeit, mit dem Leben fertig zu werden. Früher hatte man das Schicksal oder die unerforschlichen Wege des Herrn für solche Fälle bereit oder schlechte Rasse, wie meine Großmutter zu sagen pflegte, deren Vater Pferdepfleger war. ›Niemals hätte ich mich mit dem Schneider verheiraten sollen!‹ sagte sie immer. ›Das war schlechte Rasse, obwohl ich mich nie darum gekümmert habe, was mein Vater sagte, denn der Schneider hatte so wunderschöne Augen. Aber es kam, wie's kommen mußte. Er hat sich zu Tode gesoffen, diese lahme Ente, und mit seinem Sohn war auch nicht viel los.‹
Ihr Sohn war mein Vater«, fuhr Vati fort. »Er war der Verseschmied für die ganze Gemeinde, und mit seinen Weihnachtsgedichten gewann er das schönste Mädchen des Dorfes, mit seinen Reimen von Herzen und Schmerzen. Vielleicht war nicht viel mit ihm los, aber er war ein netter Mensch. Und Mama liebte ihn. Auf diese Nettigkeit könnte man auch manches schieben. Meine Eltern waren zu nachgiebig gegen mich. Als ich mit dem Studium in Uppsala kein Glück hatte, schob ich alles auf die Einberufung zum Militär und darauf, daß ich

den Professoren widersprochen hatte. Und als mir die Zeitung einen Tritt gab, war es der eklige Chefredakteur, der Antialkoholiker war – und als mich deine Mama verließ, hatte natürlich sie die Schuld. Als die verflixten Verleger mir meine Manuskripte zurückschickten, redete ich mir ein, daß der Grund nur darin lag, daß ich nicht zu der modernen Schriftstellerclique in Stockholm gehörte.
Hab' halt immer meinen Kopf in den Sand gesteckt. Sei so nett und gib mir ein bißchen Wasser – verdammt trocken im Mund.«
Die Zeitung, die Großmama mir für ihn gegeben hatte, rutschte von der Decke, als er sich umdrehte. Er hatte sie nicht einmal angeschaut.
»Mama kommt immer gleich mit der Zeitung angerannt, sobald ich hier auftauche«, sagte er mit einer Grimasse. »Sie hat keine Ahnung, daß ich überhaupt keine Zeitung mehr aufschlage.«
»Aber Vati!« rief ich. »Du mußt doch Zeitungen lesen! Sonst weißt du ja gar nicht, was alles passiert!«
»Was, zum Kuckuck, geht mich das an?«
Ich starrte ihn entsetzt an.
»Aber das muß man doch!«
»Begreifst du nicht, daß der Geruch von dieser verdammten Druckerschwärze mir wie Feuer in der Nase brennt? Das ist der Duft aus meiner verlorenen Welt – jener Welt, aus der ich vor vielen Jahren von einem idiotischen Blaukreuzler gefeuert wurde, weil er seinen Neffen auf meinen Platz setzen wollte. Begreifst du nicht, daß das...
Ich war ein guter Journalist. Das weiß ich. Schrieb gute und amüsante Reportagen. Was konnte ich dafür, daß die Zeitung schlecht verkauft wurde und daß die Parteibonzen mek-

kerten und sie mit einem anderen Käseblatt zusammenlegten? Was konnte ich dafür, daß der Sekretär der anderen Zeitung älter war, viele Kinder hatte ...

›Du verstehst doch, Hallin, wir müssen Rücksicht auf sein Alter nehmen, und du – du hast ja schließlich eine Frau, die Ärztin ist‹, und so weiter.

Aber ich bekam bald einen neuen Posten, natürlich bei einer kleineren Zeitung, aber immerhin. Als Lokalreporter. Da deckte ich einen Skandal auf, eine Korruptionsgeschichte im Landtag. Der Gauner war ein Verwandter meines Chefredakteurs. Der versuchte, die Sache zu vertuschen, aber ich gab nicht nach.

Das hat er mir niemals richtig verziehen. Er lauerte nur auf eine Gelegenheit, und er fand sie. Dieses einzige verflixte Mal, als ich etwas betrunken war und den heiligen Verein dieses Burschen heruntermachte ...

Leicht war es nicht, eine neue Arbeit zu finden. In den Jahren gab's das große Zeitungssterben. Schließlich landete ich in einem Annoncenbüro. War mal was anderes, die Zeitung von der anderen Seite. Es war eine Hölle, vom ersten Augenblick an ein einziger Irrtum.

Deine Mutter begriff überhaupt nichts. Sie verstand nicht, daß jede dieser verdammten Zeitungen mich wie ein Raubtier verletzte, konnte nicht verstehen, daß eine flotte Rubrik, eine neue Schriftart, ein falsch angeschnittenes Bild, eine elegante Einleitung, ein abrupter Übergang, ein grober Druckfehler, eine schlecht formulierte Notiz – alles, alles den Höllenbrand speiste.

Konnte nicht im Annoncenbüro bleiben, hörte nach einem halben Jahr auf. Gerda sagte nicht viel dazu, aber ich sah in ihren Augen Verachtung. Damals hatte ich die Affäre mit dem Mädchen im Hotel. Und natürlich fand ich, daß deine Mutter schuld daran wäre...«

Er setzte sich im Bett auf. Zwei rote Flecken glühten auf seinen Wangen.

»Bitte, Vati, leg dich wieder hin und versuch dich auszuruhen!« sagte ich. Aber er hörte nicht zu.

»Ich kann mich noch genau an das Muster der Bluse erinnern, die deine Mutter trug, als sie die Frage der Scheidung anschnitt. Sie hatte Nachtwache gehabt, war bleich vor Müdigkeit, blaue Schatten lagen unter ihren Augen. Sie wollte geschieden werden, möglichst schnell. Sie hatte gehört, daß ich sie betrog. Meine Güte, Gerda mit diesem Geschöpf betrügen...

Kann's ja selbst nicht mehr verstehen, daß ich damals zu diesem Mädchen ins Hotel ging, weil ich es nicht schaffte — schaffte...«

Er legte sich wieder hin und schloß die Augen. Dann fuhr er mit veränderter Stimme fort, die jetzt dünn und resigniert klang: »In unserer heutigen Gesellschaft kann man es sich nicht leisten, ein Versager zu sein. Es leben die Starken und die Tüchtigen, die Nüchternen! Hurra! Hurra!«

Vier Tage lang saß ich in Großmamas Giebelstube bei Vati. Vier Tage, bis er so krank wurde, daß er ins Krankenhaus geschafft werden mußte. Der Arzt wollte es.

Vier Tage... Für mich waren sie wie vier Jahre. So voller Erlebnisse! Ich glaube, wir spürten beide, daß es eilig war, daß dies unsere einzige Chance war, vertraut miteinander zu werden.

Ich saß immer bei ihm, auch wenn er schlief. Dann konnte ich sein Gesicht studieren, ohne aufdringlich zu wirken.

Wenn er schlief, sah er jung aus. Er war ja auch noch nicht alt, keine Fünfzig. Im Schlaf ähnelte er mehr dem Bild, das unten in der guten Stube stand. Die nervösen Zuckungen ließen nach. Der Mund wurde richtig schön, wenn er geschlossen war. Die Augen, die gleichen, die ich von ihm geerbt hatte, versteckten sich hinter Wimpern, die so lang und dicht waren wie die von Kindern.
»Fleisch von meinem Fleisch«, heißt es in der Bibel.
Ich war Fleisch von seinem Fleisch.
Und nicht nur von seinem, auch von Großmamas, die unten in der Küche saß und Papier über ihre Einmachgläser breitete und festknotete und die sich kleine Leckerbissen ausdachte, die sie in die Giebelstube hinaufschickte.
Auch der versoffene Schneider gehörte dazu — sein netter Sohn schrieb Gedichte. Und der Pferdepfleger vor uralten Zeiten.
Dazu kam das Erbe von Mutti und ihrer Familie, vom Großvater, dem Grubenarbeiter, von der Großmutter, einer Kinderfrau, und der schönen Urgroßmutter, die höchstwahrscheinlich eine entlaufene russische Adlige war. Das behaupteten sie jedenfalls steif und fest. Und von vielen, vielen anderen.
Was für eine Mischung! Nie zuvor hatte ich darüber nachgedacht. Bis dahin war ich nur Muttis Kind gewesen.
Natürlich hatte Großmama dazu gehört, sehr eng sogar. Aber ich hatte sie in Gedanken eigentlich nie mit Vati zusammengebracht. Er verschwand aus meinem Leben, als ich vier Jahre alt war. Bis jetzt...
Es muß falsch sein, wenn man aufwächst, ohne etwas zu wissen, niemals sein eigen Fleisch und Blut und die Seele kennenlernt, die man unter seiner Haut trägt.

Wie aber kann man sich selbst finden – seine Identität, wenn man nicht einmal seine Eltern kennt? Vermutlich denkt man nicht viel darüber nach, wenn man in einer normalen, vollständigen Familie lebt. Ich hatte ja selbst noch nicht darüber nachgedacht.

Erst recht hatte ich mir keine Gedanken darüber gemacht, wie man sich wohl als geschiedener Vater fühlt.

»Zum Kuckuck, Mädchen, kapierst du denn nicht, daß ich einfach nicht hierher zu Mutter kommen konnte, um dich zu treffen, wenn du Ferien hattest!

Ich wagte es eben nicht, glaubte, ich könnte es nicht ertragen, dich, Liebes, zu sehen, einen Monat lang mit dir zu spielen, einen kurzen Monat! Nur damit ich mich dann elf Monate an dich erinnern sollte, elf Monate lang nach dir sehnen!

Haben denn Väter etwa andere Gefühle für ihre Kinder als Mütter? Glaubst du das? Immer bedauert man die Frau, wenn eine Ehe in die Brüche geht. ›Die Arme, nun ist sie mit einem unversorgten Kind einsam und verlassen.‹

Aber der Mann, zum Teufel, der Mann, der allein und ohne Kind, ohne Heim, ohne Wärme draußen bleibt...

Ja, ich weiß, daß Gerda mich haßte. Nein, das stimmt nicht. Sie haßt nicht. Verachtet hat sie mich, verachtet, weil ich in all diesen Jahren keinen Kontakt mit dir aufnahm. Doch wozu?«

»Sie meinte wohl, daß ich auch einen Vater brauchte«, antwortete ich.

»Und ich brauchte eine Tochter und eine Ehefrau«, rief er und setzte sich wieder auf. »Trotzdem hatte ich nicht den Mut...

Begreifst du, Annika? Hast du auch nur eine blasse Ahnung,

wie es ist, wenn man tagein, tagaus dahinvegetiert und weiß, daß man selbst sein Leben verpfuscht hat. Seines Inhalts beraubt... Keine Selbstachtung mehr hat. Und das alles ohne einen echten Grund, auf den man alles schieben könnte!«

»Aber, Vati! Niemand ist ganz allein an allem schuld! Manche Menschen haben Glück, manche haben wohl — bessere Chancen.«

»Ja, ja, das weiß ich alles. Man ist ein Produkt aus Erbe und Umwelt. Das Erbteil, das war — wie meine Großmutter sagte — das schlechte Blut des Schneiders, Vaters verflixte kleine Begabung, der Krieg, das Zeitungssterben, die Blaukreuzler — Gerda, die hochbegabte, die kühl und still übersah...«

»Mutti ist nicht kühl!« protestierte ich.

»Nein?«

»Sie kann sich nur sehr gut beherrschen, und es fällt ihr schwer, ihre Gefühle zu zeigen. Ich weiß es. Ich hab' selbst sehr viele Jahre lang gedacht, daß das sehr schwierig ist.«

Er schwieg dazu und zog mit fahrigen Händen am Bettbezug herum. »Ja, wenn wir richtig miteinander hätten reden können...«

»Da siehst du's«, fiel ich ihm ins Wort. »Da siehst du's! Es war auch ihr Fehler, daß eure Ehe schiefging.«

»Dank für deinen Trost, mein Schatz! Mein Bedarf an Trost ist ungeheuer.«

In diesen vier Tagen mit Vati war es, als ob ich in einem Film mit dem Titel lebte: »Hier hast du mein Leben!« Sprechend zauberte er Bilder vor meine Augen. Alles, was er sagte, was er tat, ergänzte mein Puzzlespiel von seiner Persönlichkeit.

Von Stunde zu Stunde konnte er sich unglaublich verändern. Manchmal fluchte er schrecklich, und seine Stimme nahm einen unangenehm rauhen Tonfall an. Manchmal redete er in einer Sprache, die so klang, als diktiere er einen Roman. Manchmal war er ganz klar und scharfsinnig, dann wieder verworren. Zuweilen lallte er beinahe. Vielleicht kam das vom Fieber, vielleicht aber auch vom Kognak, den er in einer Taschenflasche im Nachttisch versteckt hatte und von dem ich angeblich nichts wußte.
Sehr oft sprach er von seiner Arbeit bei der Zeitung. Er hatte erst kürzlich einen alten Kameraden aus seiner großen Zeit getroffen.
»Zierlich breitete die Ägypterin 48 Versalien aus«, lachte er und skandierte eines Tages, als ich mit dem Frühstückstablett heraufkam. Erst begriff ich gar nicht, was er sagte. »Zierlich breitete die Ägypterin 48 Versalien aus – das war ein verdammt guter Vers, glaub mir's!«
»Traf vor ein paar Tagen Söderberg auf der Straße, weißt du«, fuhr er fort, als wüßte ich, wer Söderberg war.
»Wir prallten vor EPA aufeinander. Söderberg sah so verdammt munter und gesund aus – ein bißchen verfettet vielleicht. Freundlich. Sonst gehe ich ja alten Kollegen und Bekannten von der Zeitung aus dem Weg, oder sie mir – aus Angst, ich könnte sie anpumpen. Aber Söderberg stürzte mir direkt in die Arme, war tatsächlich froh, mich zu sehen. Ich hatte wenigstens den Eindruck. ›Na, alter Knabe, wie geht's dir denn? Ja, ja, die Jahre vergehen. Zum Kuckuck, wie lange ist's her, daß wir vereint kämpften? Ja, ja, das waren noch Zeiten, Junge, verflixt schön, wenigstens meistens. Nun sind sie in alle Winde zerstreut. Ein paar sind gestorben, Kling, Petterson, ich glaube, ich hab's in der Zeitung gelesen. Ja,

ja, erinnerst du dich noch an unser Beerdigungsbier, damals beim Zeitungssterben? Als du dieses phantastische Lied schriebst. Es fing an: Zierlich breitete die Ägypterin 48 Versalien aus. Verdammt geistreich!‹

Söderberg war ein lieber Kerl, ein verdammt anständiger Bursche. Und Pokern konnte er! Fast nie brauchte er sein Bier oder die belegten Brote zu bezahlen, wenn wir nachts in der Redaktion saßen und darauf warteten, welch bravouröse Taten Herr Hitler sich gerade wieder ausdachte. Wirklich ein angenehmer Bursche, Söderberg meine ich. Kann nichts dafür, daß er solch einen Dusel hatte. Bekam eine eigene Zeitung und alles... Und einen Sohn, der Zeitungswissenschaft studiert.

Übrigens, Mädchen, was willst du eigentlich werden? Das hast du mir noch gar nicht erzählt!« fuhr er mit veränderter Stimme fort.

»Ich – ich will...« Ich wollte gerade sagen »Ärztin werden«, als ich zu meinem eigenen Erstaunen plötzlich den Mund schloß und das Wort verschluckte. Damit – ja, damit ich ihn nicht verletzte. Denn es war doch selbstverständlich, daß ich dasselbe werden wollte wie Mutti.

»Ich weiß noch nicht genau. Vielleicht hängt das vom Zeugnis und all solchen Sachen ab...«

»Bist du gut in Schwedisch?«

»Ja, wirklich, da hab' ich ›mit Auszeichnung‹.«

»Neumodischer Schnickschnack. Aber immerhin, fein! Gratuliere! Das darfst du nicht außer acht lassen. Hast du nicht ein bißchen an den Journalismus gedacht – es gibt doch heutzutage soviel Möglichkeiten: beim Fernsehen, beim Rundfunk...«

»Ich – ich weiß nicht recht. Ich bin doch auf der naturwissen-

schaftlichen Oberstufe. Und wenn ich auch in Physik nicht gerade eine Leuchte bin...«
»So willst du doch Ärztin werden wie deine Mutter. Natürlich.« Seine Stimme verlor ihren Eifer. »Das ist gut, natürlich gut, gut... Verschaff dir nur ein gutes Handwerk, das ist besser als mißglückte Schreiberei!«
»Ich werde sehen, Vati.«
»Und nun werde ich versuchen ein bißchen zu schlafen«, sagte er und drehte sich zur Wand.

»Eine merkwürdige Zeit war der Krieg«, sagte er ein anderes Mal. »Trotzdem war es wohl die beste Zeit meines Lebens, so komisch das klingt! Trotz des häufigen Bereitschaftsdienstes beim Militär, der meine Studien durchkreuzte.
Mein Gott, wenn man da draußen mitten im eiskalten Winter auf der Insel saß und das Vaterland verteidigen sollte mit einer Menge Gewehre ohne Munition – die hatten ja die Finnen bekommen!
Und als wir einen Drahtverhau über den Bootssteg zogen, um die Deutschen am Eindringen zu hindern... Wir rannten mit grünen Zweigen auf den Helmen herum und spielten Wald!
Und damals, als wir mitten in der Nacht höchste Alarmbereitschaft hatten und im Flur zum Gebet angetreten waren! Der Unteroffizier schrie: ›Nun singen wir: Die güldne Sonne!‹ Aber dann schaute er auf die Armbanduhr und stellte fest, daß es erst drei Uhr nachts war. So befahl er uns das Lied zu singen ›Ich hebe meine Hände‹.«
Vati lachte so heftig, daß er husten mußte.
»Bevor ich eingezogen wurde, arbeitete ich bei der Zeitung in Kroksund, war eigentlich Reporter. Aber nachdem einer

nach dem anderen zum Militär mußte, arbeitete ich schließlich Tag und Nacht. Damals war ich mit Söderberg zusammen.« Er verstummte, und ich sah, daß alte Erinnerungen ihm durch den Kopf gingen und einen Freudenschein über sein Gesicht warfen, der ihn verjüngte. Eine Weile lag er still und lachte leise vor sich hin.

»Mein Gott, was für Zeiten! Schrecklich aufregend einerseits, aber völlig problemlos andererseits. Auf eine Weise war es denkbar einfach: Es lohnte nicht, daß man sich Gedanken über die Zukunft machte. Damals lernte ich Gerda kennen. Sie hatte gerade ihre erste Stelle als Assistenzärztin im Lazarett übernommen. Manchmal kam sie nachts in die Redaktion und wartete, bis ich fertig war. Sie brachte Brote mit und Kaffee in einer Thermosflasche, den wir am Tisch in der Setzerei tranken. Der Fernschreiber tickte inzwischen weiter, und die Laufburschen eilten mit Bier herum und mit Korrekturfahnen. Und Hitler tobte, und die Bomben fielen. Aber die Wiesen blühten, über die wir bei Sonnenaufgang heimwanderten.

Wir verlobten uns an jenem Tag, als der Krieg zu Ende ging, und schliefen mit Konfetti im Haar und Sekt im Magen ein, den Kopf voller Träume von einer wunderbaren Zukunft in Friedenszeiten, die sich plötzlich wie ein roter Teppich vor uns ausbreitete. Schnell fand man dann heraus, daß dieser sehnsüchtig erwartete Frieden nur eine Menge neuer unsinniger Dinge brachte.

Aber hier bei uns wurde ja alles wunderbar. Es gab höhere Löhne, Schulfrühstück, Kindergeld und Kaffee, soviel wir nur wollten.

Sechsundvierzig haben wir geheiratet, wie du weißt.«

»Aber damals wart ihr doch glücklich, Vati?«

»Natürlich! Ja, gewiß! Wir sahen uns doch so selten. Ich war noch in Kroksund geblieben, aber Gerda kutschierte von einem Krankenhaus zum anderen – bis neunundvierzig, kurz bevor du geboren wurdest. Gerda wurde Stationsärztin, und wir bekamen eine Wohnung in Kroksund.«
»Da wart ihr wohl auch glücklich?«
»Aber natürlich, Annika. Selbstverständlich waren wir glücklich über dich. Du warst ein ganz goldiges kleines Wesen und so lieb. Vormittags, bevor ich zur Zeitung ging, fuhr ich dich im Kinderwagen spazieren. Meine Kollegen machten sich darüber lustig, denn damals war es ungewöhnlich, daß ein Vater den Kinderwagen schob.«
»Wie albern!«
»Aber wir wären wohl noch glücklicher gewesen, wenn nicht gleichzeitig die verflixte Zusammenlegung der Zeitungen gekommen wäre. Damit fing das ganze Unglück an.«
Wieder schwieg er, lag still und blickte abwesend über mich hinweg. Leiser, wie zu sich selbst, fuhr er fort: »Aber in Wirklichkeit muß schon lange vorher ein Fehler darin gesteckt haben.«

Eines Nachmittags, als er große Schmerzen verspürte, sprach er vom Tod.
Großmama und ich wußten damals noch nicht, wie krank er war, aber er selbst ahnte es wohl. Er sagte uns nicht, was der Arzt mit ihm besprochen hatte.
»Ich erinnere mich an das, was unsere Hühner-Emma sagte, als wir sie ins Sanatorium brachten und sie Tbc im letzten Stadium hatte: ›Natürlich ist es schwer, alt und krank zu sein, aber besser als Sterben ist es auf jeden Fall!‹« Vati lachte: »Ich weiß nicht, ob ich der gleichen Meinung bin.

Ich erinnere mich noch daran, wie Mutter die alte Großmutter tröstete, die Mutter meines Vaters. Sie hatte Krebs und brauchte lange zum Sterben. Mutter sprach davon, wie schön es für die alte Dame wäre, endlich von ihren Plagen befreit zu sein. – ›Das kannst *du* sagen‹, schalt Großmutter ärgerlich.
Ach, die Leute reden ja so viel. Dieser Hedenius in Uppsala sagt zum Beispiel, daß er den Tod nicht fürchtet, wohl aber das Sterben. Was meint er eigentlich damit? Ich kann mir natürlich denken, daß man vor einer bestimmten, besonders scheußlichen Todesart Angst hat. Aber man hat wohl auch Furcht davor, tot zu sein. Schließlich ist es mehr, als nur friedlich in die Erde eingegraben zu werden und frei von allem Elend seinen ewigen Schlaf zu tun, wie? Dieser schöne Schlaf, zum Kuckuck, dürfte den Menschen doch Todesangst einjagen, wie? Und wie locken die Pfarrer mit Versprechungen von himmlischer Seligkeit und ständigem Chorgesang. Ohne die verfluchte lähmende, den Jubel abschwächende Gewißheit, daß mein eigenes kleines Leben eine einmalige Sache ist und daß...«
»Aber Vati, du wirst ja nicht sterben«, wandte ich ein. »Du stehst doch mitten im Leben, und Nierensteine müssen nicht gefährlich sein. Ich hab' Mutti gefr...«
»Ja, und der Tod ist eine abscheulich peinliche Angelegenheit, über die man nicht sprechen soll, wenn's nicht nötig ist«, unterbrach er mich. »Laß uns also das Gesprächsthema wechseln!«

»Du bist jung. Vielleicht kannst du mir die heutige Jugend etwas näher erklären«, sagte er in streitlustigem Ton am letzten Nachmittag.

»Ich verstehe selbst nämlich überhaupt nichts von all diesen Problemen. Mir scheint, sie sind alle miteinander Radaubrüder und Krachmacher, diese langhaarigen Widerlinge. Manche stehlen und toben und benehmen sich wie Rabauken, und andere sind sozusagen nur glücklich, wenn sie sich mit der Polizei herumprügeln können. Sie laufen herum, führen das große Wort und demonstrieren für den Teufel und seine Großmutter.« »Aber Vati!«
»Warum sind sie denn nicht zufrieden und seufzen erleichtert auf, nachdem sie es so gut haben? Wenn ich daran denke, wie wir es hatten ... Und all dieses Gerede über Sex ... Nicht, daß ich ein Moralist bin, aber auch da muß es gewisse Grenzen geben. Und dieses ewige Geschnatter über Vietnam und Entwicklungsländer! Kümmert euch doch lieber um die Alten, Kranken und Arbeitslosen hier bei uns!«
»Hör auf, Vati!« rief ich plötzlich und vergaß, daß er krank war. Ich fühlte, wie mir die Tränen in die Augen schossen. »Du darfst ganz einfach nicht so reden – solch einen Unsinn. Als ob du der allerverstockteste Reaktionär wärst! Wie eine alte, langweilige Grammophonplatte oder solch ein ekliges Geschwätz, wie es Key-Åberg im Theater macht.«
»Ach so«, sagte Vati und lachte mich zornig an. »Das ist etwas, das anregend wirkt!« Dann verzog sich sein Gesicht zu einer Grimasse.
»Du sagst, ich wirke wie ein verstockter alter Reaktionär. Vielleicht ist das gar nicht so komisch, denn wahrscheinlich bin ich genau das, ein alter verstockter Reaktionär.«
»Das darfst du nicht sein! Mein Vati darf nicht so wirken, als – als ob ...«
»Glaubst du denn, daß es irgend etwas bedeutet, jetzt, wo du mich hier zwischen Bett und Wand hast?«

»Ja, das denke ich wirklich. Glaub's mir! Du sagst, daß wir langhaarig und eklig herumlaufen und für alles mögliche demonstrieren. Erstens einmal: Was ist denn am langen Haar so schlimm? Meinst du im Ernst, daß die Länge des Haares ein Beweis für seelische Minderwertigkeit ist? Meinst du wirklich, daß die Burschen in den fünfziger Jahren mit ihren Elvis-Presley-Locken höherstehende Wesen waren als wir? Vati, antworte!«
»Nein, nein, das hab' ich wohl in der Hitze gesagt!«
»Und was du da über das Demonstrieren sagst, für den Teufel und seine Großmutter, so drücktest du es aus... Meinst du, daß friedliche Demonstrationen für Vietnam und gegen rassische Unterdrückung, zum Beispiel in Rhodesien, eine Teufelssache wären? Gleichgültige Dinge, die uns gar nichts angehen? Findest du nicht, daß es wunderbar ist, endlich ein Bewußtsein für die ganze Menschheit der Erde zu haben?«
Vati lag schweigend da.
»Und du sagst: Helft doch erst unseren eigenen Leuten. Glaubst du wirklich, daß wir erst alle Probleme zu Hause lösen müssen, bevor wir anderen helfen dürfen?«
So fuhr ich fort mit meiner Predigt. Ich war erfüllt von Jakobs Geist und argumentierte wirklich gut. »Sollen wir nicht versuchen, unsere eigene innere Solidarität zu einer internationalen zu erweitern?«
Vati lag immer noch schweigend im Bett und schaute mich an. Plötzlich sagte er: »Weiß du, es ist das erstemal in den letzten zehn Jahren, daß ich mit einem jungen Menschen zu tun habe.«
»Aber Vati...«
»Kannst du dir vorstellen, was es heißt, in einem — einem

Vakuum zu leben, ohne Familie, ohne vernünftige Arbeit, ohne andere Freunde außer einer Handvoll Saufbrüdern?«
Er schwieg und schloß die Augen.
»Immer auf der Flucht, vor dem Augenblick, vor dem Versagen, zurück in die Vergangenheit, die jedes Jahr ein wenig nebliger und verlogener wird.«
Ich fiel vor dem Bett auf die Knie und ergriff seine Hand.
»Vati, verzeih mir!« Mehr konnte ich nicht sagen. »Verzeih...«
»Begreifst du nicht... Nein, du kannst nicht verstehen, daß man erst mit sich selbst ins reine kommen muß, bevor man sich für andere interessieren kann. Und ich gehöre nun einmal zu denen im Glücksland Schweden, die es noch nicht zu einem Weltgewissen gebracht haben. Hinzu kommt noch die Tatsache, daß ich mir selbst die Schuld zuschieben muß. Das macht das Ganze nicht besser.«
»Oh, Vati! Verzeih...«
»Dummheiten, Annika! Verzeihen ... Ich hab' doch gar nichts zu verzeihen! Tu mir statt dessen lieber den Gefallen, und hol ein bißchen warmes Wasser für die Wärmflasche.« –
»Was liest du?« fragte er und schlug die Augen auf.
Er hatte eine ganze Weile geschlafen. Im Zimmer war es inzwischen ziemlich dämmrig geworden. Ich saß nahe am Fenster, um kein Licht für meine Lektüre anzünden zu müssen.
»Ich lese ein Buch mit Gedichten, Vati.«
»Von wem ist es?«
»Von Sonja Åkesson.«
»Nie gehört. Wie heißt es?«
»Man muß fröhlich sein und Gott danken.«
»Was für ein Titel!«

»Sie ist eine ausgezeichnete Verfasserin!«
»Ich versteh' mich nicht auf diese jungen Modernisten, schrecklich verkrampfte und tiefsinnige...«
»Aber sie ist gar nicht mehr so jung, über vierzig, glaube ich. Und überhaupt nicht schwer zu verstehen.«
»Dann lies etwas vor, damit ich eine Ahnung von dem bekomme, was sie will. Aber mach erst Licht, damit du dir nicht die Augen verdirbst!«

>»Ein ruhiges Leben führe ich
In der Drottning-Straße 83 a am Tag.
Putz' Kindernäschen und Fußböden,
Kupfertöpfe
Und koche Rübenbrei mit Würstchen.
Ein ruhiges Leben führe ich
Ganz nahe am Gleis der Tunnelbahn.
Ich bin Schwedin.
Ich hatte eine schwedische Erziehung.
Unter der Decke las ich das Gesundheitsbuch
Und war Mitglied bei den Baptisten
In der Jugendorganisation.
Ich träumte davon, im Chor mitzusingen
Und außerdem zur Gitarre
Zwischen Feuerflammen.
Ich träumte davon, beim Luciafest
Zur Gitarre zu singen.

Dies Gedicht ist sehr lang, Vati. Wird's dir zuviel?«
»Lies weiter!«

>»Ich war eine typische Rotzgöre.
Ich grub Gänge unter dem Schnee,

Saß unter schneienden Apfelbäumen
Und wartete auf den Jüngsten Tag.
Ich wurde in einer abgelegenen
Knechtskammer entdeckt,
Auf dem Heimweg von der Jugendgruppe.
Ich nahm einen Fernkurs in Stenographie
Und kritzelte Mädchenbilder
Auf meinen Block.
Ich steckte in einem zugeschneiten Auto,
Das baltische Flüchtlinge auflud,
Männer mit erstickten Lungen,
Die nach Wasser stöhnten,
Eine Frau mit herausgerissenem Auge,
Das blutig über der Wange hing wie ein Ei.«

Vati stieß das Kissen zurecht, das hinter seinem Rücken steckte, und hörte zu, ohne einen Blick von meinem Gesicht zu wenden.
»Zum Teufel, das war gut!« sagte er endlich und legte die Hand auf die Augen. »Teufel noch mal, wie gut! Schreiben sie heute wirklich so? Das geht einem ja durch Mark und Bein. Hör mal, darf ich mir das mal ausleihen? Dieses Frauenzimmer kann einem vermutlich in düsteren Nachtstunden ein bißchen Trost geben!«
Er nahm das Buch und begann darin zu blättern. Und als ich hintereilte, um das Tablett mit dem Essen zu holen, hörte ich, wie er laut las:

»Okay!
Ich bin mißraten.
Okay!
Dies schaff ich nicht.

Okay!
Mein Rhythmus ist anders.
Okay, okay!«

Am letzten Vormittag, bevor der Krankenwagen kam, war Vati sehr unruhig und hatte große Schmerzen. Ich hatte seine wenigen Sachen in die Aktentasche gesteckt. Großmama war oben bei ihm gewesen und hatte versucht, ihn zum Essen zu bewegen. Das Fenster war angelehnt.
Draußen war es wieder schön geworden. Die Sonne spiegelte sich im Teich, und das Kreischen einer Motorsäge gellte durch die Luft, die nach Wasser und nach Kläräpfeln roch.
»Annika, du hast furchtbar wenig von dir erzählt«, sagte Vati plötzlich. »Bist du glücklich? Was willst du aus deinem Leben machen? Hast du einen — einen Freund, boyfriend nennt man das wohl heutzutage? Ist er in Ordnung?«
»Ich hab' einen Freund, Vati. Er heißt Jakob und studiert Volkswirtschaft an der Universität. Er ist sehr tüchtig...«
»Welcher Typ?«
»Einer — von den Starken.«
»Und du, zu welchem Typ gehörst du, Annika?«
»Ach — das weiß ich nicht, Vati. Das ist das schlimmste. Ich glaube, ich kenne mich überhaupt noch nicht. Manchmal komm' ich mir vor wie ein plappernder Papagei, der alle anderen imitiert.«
»Du bist ja noch so jung, Kleines, das ist doch ganz natürlich.« Er schwieg eine Weile. Sein Gesicht verzog sich vor Schmerzen. »Aber sieh vor allem zu, daß du Selbstvertrauen bekommst. Und erinnere dich daran, daß man mit seinem Pfund auf viele verschiedene Arten wuchern kann. Wichtig ist — aber laß uns bloß nicht sentimental werden!«

Bevor die Tür vom Krankenwagen zufiel, drückte er zum letztenmal meine Hand.
»Gelobt sei meine alte Niere!« sagte er und lächelte. »Sie hat mir zu einer Tochter verholfen. Das ist wirklich nicht schlecht. Und vier Tage voller Glück!«
»Wir sehen uns bald wieder, Vati!« sagte ich.
Aber ich sah ihn nicht mehr.

Kaum zu fassen! Wieder ist ein neuer Tag angebrochen, ein früher, dunkelgrauer Morgen!
Schon um sieben Uhr wachte ich von der Kälte auf. Die Nacht muß eisig gewesen sein. Auf den Fensterscheiben im Schlafzimmer blinkten Eisblumen. Aber nun brennt der Ofen, und ich habe Tee getrunken und Toast gegessen. Ich fühle mich fast wieder normal, abgesehen davon, daß meine Glieder ein wenig schmerzen.
Ich sitze hier und sehe mir an, was ich gestern über Vati geschrieben habe. Es ist ein angenehmes Gefühl, daß ich mir endlich einmal alles über ihn vom Herzen geschrieben habe. Das steckte so lange unter der Haut. Und dabei sind es doch nur ein paar Scherben vom Bild seiner Persönlichkeit. Ich gewann ja nur einen kurzen Einblick in sein Wesen. Und den hab' ich in diesem Brief wiederzugeben versucht, hauptsächlich um meiner selbst willen. Aber wie schwierig ist es doch mit der Sprache! Sobald man mit dem Schreiben anfängt, machen sich die Wörter selbständig und wollen einem entgleiten. Ja, sie fangen an, auf eigene Faust zu verzaubern. Ganz so meine ich es nicht mit dem, was ich schrieb – aber wenn man später überliest, was man alles zu Papier gebracht hat, dann ist es manchmal besser, manchmal schlechter geworden als beabsichtigt.

Nun bleibt nicht mehr viel hinzuzufügen.
Ein paarmal schrieb ich ihm noch, ehe er im November starb. Aber er antwortete mir nicht mehr, und ich erwartete es auch nicht. Ich kann nicht einmal sagen, daß ich sehr um ihn trauerte. Unser Verhältnis, wie es sich in Großmamas Giebelkammer entwickelt hatte, konnte sich nicht mehr vertiefen. Eher hätte es zerstört werden können. Das Schicksal hatte uns eine Chance geboten. Er sagte, daß er vier Tage voller Glück erlebt hätte. Ich bekam viel mehr, einen festen Halt, eine Erfahrung, ein Gefühl der Zusammengehörigkeit.

Welchen Tag haben wir heute? Ich muß es tatsächlich an den Fingern abzählen. Heute muß Freitag sein. Schon? Das ist doch nicht möglich? Wo bleibt denn Jakob? Verstehst du das? Glaubst du, er ist mir ernstlich böse und hat am Dienstag nicht angerufen? Aber natürlich hat er! Das wäre ja unglaublich! Er wußte doch, daß ich ins Krankenhaus gehen und meine Diagnose bekommen würde. Aber als sich bei uns niemand meldete, glaubte er vielleicht... Was? Er hat's wohl immer wieder versucht und begriffen, daß es kein Zufall war, der mich hierhergeführt hat.
Und der Arzt im Krankenhaus... Er hatte doch versprochen, sobald wie möglich anzurufen... Unser eigener Doktor sollte auch in dieser Woche zurückkommen... Er würde wohl... Ach, zum Kuckuck, was tut's! Ja, ich weiß, es ist mehr als blöd, daß ich so hysterisch werde. Schließlich war ich diejenige, die davonlief, ohne eine andere Nachricht zu hinterlassen als die kurze Karte an Agnes. In Ruhe wollte ich gelassen werden. Deswegen, verflixt noch mal, war ich hierhergefahren. Aber – aber nun glaubt er vielleicht wirklich, daß ich Schluß machen will.

Nein! Still! Hat sich draußen nicht etwas gerührt? Ach nein, es war wohl nur ein Waldvogel, der aufflatterte und den Schnee von den Bäumen herunterschlug.
Aber, da war es wieder! Jemand hustet... Oh, wenn es Jakob ist...

Hei, du!
Inzwischen sind viele, viele Stunden vergangen. Und vieles ist geschehen. Ich bin ganz verdreht, froh, ängstlich. Millionen von Ameisen in meinem ganzen Körper, ein Kloß im Magen, eiskalte Hände. Hab' eigentlich keine Ruhe zum Schreiben, zu gar nichts.
Ich sitze und warte und horche. Obwohl es sich noch lange nicht lohnt.
Ich bin wie eine Irre herumgelaufen und habe versucht, eine Menge zu erledigen. Hab' geputzt, gescheuert, Flickenteppiche ausgeschüttelt, abgewaschen, Staub gewischt...
Dann hab' ich mein Gesicht abwechselnd in warmem und in kaltem Wasser gebadet, so wie sie's in den Schönheitssalons tun, hab' mich eingekremt, das Haar mit Trockenshampoo gebürstet und einen schicken blauen Pulli hervorgekramt, den ich im letzten Sommer hier vergessen hatte. In einer Stunde werde ich mich vor den Spiegel setzen, viele Kerzen anzünden, Rouge auflegen und wie ein Clown aussehen, Wimpern ankleben und ein bißchen die Lippen nachziehen.
Den Eyeliner hab' ich vergessen.
Was sagst du? Bist du verwirrt, weil ich wieder in Rätseln spreche? Verzeih, Liebes, ich bin so durchgedreht, daß ich nicht weiß, wo ich anfangen soll.
Morgen früh reise ich ab.
Aber es ist besser, ich erzähle der Reihe nach.

Als ich zur Tür stürzte und die Haustür aufriß, stand Frau Johannsson draußen und trat den Schnee von ihren Schuhen ab. Du weißt, wie sie aussieht, lang und grobschlächtig wie ein Unteroffizier. Aber sie hat die freundlichsten Augen der Welt und das röteste, strubbligste Haar, das immer noch nicht dünn oder grau werden will, obwohl sie im Winter sechzig wurde. Eine alte schwarze Pelzmütze, vermutlich ein Erbstück von ihrem Schwiegervater, thronte auf ihrem roten Schopf. Mit einem schneeigen Wollhandschuh strich sie sich den Schweiß aus dem Gesicht.

Bevor sie ein Wort sagen konnte, warf ich mich ihr an den Hals. Eigentlich ist das wohl das letzte, was man sonst bei Frau Johannsson tun würde, aber es überkam mich einfach.

Ich war so überglücklich, endlich einen lebendigen Menschen vor mir zu sehen, daß ich vollständig den Kopf verlor. Oh, es war eine Wonne, ihre schweren, schüchternen Arme auf dem Rücken zu spüren und die Wärme von ihrem Körper zu fühlen, die auf mich ausstrahlte, und ihr Haar, das mir in den Ohren kitzelte.

»Liebes Herzchen, Annika, sind Sie denn ganz allein im Häuschen und kommen nicht einmal zu uns?« murmelte sie tadelnd, während sie freundlich zwischen meine Schulterblätter klopfte, ebenso geniert und verlegen wie ich selbst.

»Na ja, es ist...« Es gelang mir, schnell einmal mit dem gebogenen Arm übers Gesicht zu streichen, um die Tränen fortzuwischen. »Ja, sehen Sie – wir haben in der Schule soviel zu tun. Es ist doch das letzte Jahr, und ich hab' mir soviel zum Arbeiten mitgenommen...«

»Ihr Verlobter hat angerufen, Annika!«

»Ja, hat Jakob angerufen? Wann?«

»Schon ganz früh heute morgen. Er hat's wohl schon ein

paarmal versucht. Aber wir waren nicht zu Hause, denn Hilmer Mattson feierte seinen sechzigsten Geburtstag. Da sind wir erst nach zwölf heimgekommen. Er wirkte aufgeregt. Ich erschrak richtig. Deswegen bin ich sofort hierhergefahren und wollte erst einmal nachschauen, ob Sie da sind, Annika. Um elf will er wieder anrufen. Da kommen Sie wohl am besten gleich mit und frühstücken ein bißchen bei uns.«
Frau Johannsson schaute mich prüfend an und runzelte die Augenbrauen.
»Sie haben nicht ordentlich gegessen! Das seh' ich doch! Immer nur drinnen sitzen und über den Büchern hocken! Sie sind ja blaß wie Kartoffelbrei und so dünn! Wie können diese dummen Lehrer die jungen Leute nur so plagen!«
»Bitte, sagen Sie mir doch genau, was Jakob eigentlich wollte«, bat ich sie, als wir zusammen auf dem Tretschlitten saßen und den Waldweg entlangfuhren.
»Ach, ich glaube, es klang so, als ob er Sie für krank hielt. Es hörte sich am Telefon ein bißchen schlimm an, und er redete wie ein Wasserfall. Ich dachte, es wäre ihm sehr eilig. Er will ja heute noch herkommen und Sie holen. Ja, das sagte er tatsächlich.«
»Oh, hat er das gesagt? Kommt er wirklich heute? Heute schon!«
»Na, Sie werden's ja selbst hören, wenn er anruft. Lange dauert's nicht mehr.« Und damit ging Frau Johannsson ganz ruhig zu einem kleinen Schwatz über den Geburtstagsschmaus am Vortag über, erzählte, was es alles Gutes gab, was Mattson geschenkt bekam und warum der neue Pfarrer abgesagt hatte. Vielleicht, weil Mattson Baptist war...
»Und was macht Onkel Joel?« Komisch, daß wir sie immer

»Frau Johannsson« und ihn »Onkel Joel« nennen. Findest du nicht auch? Nicht einmal, als wir klein waren, redeten wir sie mit »Tante Hulda« an.
»Ach, es geht ihm so einigermaßen. Mal so, mal so. Manchmal ist's ziemlich schlimm mit seiner Luftröhre. Aber im ganzen war der Winter ziemlich mild, und deswegen ging's ihm besser als in anderen Jahren. Viel schlimmer ist ja, daß er so sehr um Börje trauert.«
»Börje?«
»Na ja, sein Pferd! Wissen Sie nicht mehr?«
»Doch, doch, natürlich! Börje – ist er denn tot?«
»Nein, wir haben ihn verkauft. Nachdem wir das Land verpachtet und alles Vieh abgeschafft haben, brauchten wir ihn nicht mehr. Trotzdem behielten wir ihn am längsten. Zum Fahren konnte man ihn noch immer verwenden. Aber dann wurde uns das Futter zu teuer. Deshalb haben wir Börje nach Weihnachten verkauft.«
»Ach, Börje, der so schön war!« sagte ich. »Wie hübsch war es, wenn er still wie ein Standbild im Sommer unten am Ufer stand! Und wie haben Helena und ich uns vor ihm gefürchtet, wenn wir in den ersten Jahren hier draußen Milch holen sollten und er genau vor der Zauntür auf der Wiese stand.«
»Ja, Joel trauert um ihm wie um einen eigenen Sohn! Es ist für einen alten Bauern wohl nicht richtig, wenn er all seine Tiere auf einmal abschafft, wo er doch sein Leben lang Tiere gehabt und sich mit ihnen beschäftigt hat, von Kindesbeinen an. Das ist, sage ich, schlimmer, als wenn die Kinder von daheim fortgehen.«
Es ging langsam mit dem Tretschlitten vorwärts durch den Wald. Der Weg war stellenweise aufgetaut, lehmig und naß,

und auf den Äckern, wo noch Schnee lag, brach man bei jedem Schritt durch die dünne Frostschicht und bekam nasse Socken.
Aber sonst war es ein schöner Morgen. Die Sonne blinzelte durch die Baumstämme, die Eichhörnchen knabberten auf allen Kiefern, und die Vogelscheuche, die eigentlich eine Fuchsscheuche sein sollte, stand an ihrem alten Platz vor dem letzten Zaunloch und schaute richtig munter aus ihrer alten, gestreiften Küchenschürze, der bemoosten Windjacke und Onkel Joels uraltem Sonntagshut, den sie auf hatte.
Es war herrlich, mit großen Stößen voranzukommen und sich durch die frische Luft zu bewegen, die nach Tauwetter, nach Frühling und nach schwarzer, feuchter Erde roch.
Es wäre herrlich gewesen, hätte ich mir nicht soviel Gedanken über Jakobs Telefonanruf gemacht.
Ich war einerseits furchtbar ängstlich, und andererseits sehnte ich mich schrecklich nach seiner Stimme.
Nun war es vorbei mit der Einsamkeit! Lange hätte ich sie auch nicht mehr ertragen. Aber gleichzeitig...
In diesen letzten Tagen hatte ich mich doch zu einer gewissen Ruhe durchgekämpft, mich aus einer finsteren Grube herausgearbeitet, die voller Verzweiflung war, und hatte wieder angefangen, fast normal zu reagieren.
Nun sollte alles noch einmal von vorn anfangen, nur eben noch viel schlimmer. Denn nun mußte ich nicht nur mit meiner eigenen Verzweiflung fertig werden, sondern auch noch mit der der anderen.

»Hei, Ronny! Gehst du spazieren?« fragte Frau Johannsson und winkte einer kleinen Gestalt zu, die uns über dem Matsch entgegengewankt kam.

Erinnerst du dich noch an Ronny, Helena? Diesen zurückgebliebenen Buben vom Nachbarhof neben Johannsson? In früheren Zeiten kam er manchmal, um mit uns zu spielen. Er ist jetzt fast erwachsen, aber er hat sich kaum verändert.
Als er mich erblickte, stieß er einen Freudenschrei aus. Sein kleines rundes Altmännergesicht mit den mongoloiden Augen und dem halboffenen Mund strahlte vor Begeisterung. Mit langen Stockstößen schob er seinen Däumlingskörper vorwärts und rief laut meinen Namen. Auf seinem weichen, zottligen Haar saß ein altes Käppi.
Wenn man Ronny länger nicht gesehen hat, dauert es eine Weile, bis man ihn wieder versteht. Er umarmte mich und preßte sein Gesicht in meinen Pelzkragen.
»So, so«, sagte Frau Johannson. »Sachte, sachte, Ronny! Wirf Annika nur nicht gleich um! Es ist glatt hier auf dem Hügel! Denk daran, daß du jetzt ein großer kräftiger Bursche bist.«
Aber Ronny kicherte nur vergnügt und fuhr fort, mit der freien linken Hand über die langen Haare meines Pelzkragens zu streicheln.
»Annika fein – Annika fein«, murmelte er und brach in einen langen Monolog aus, den ich überhaupt nicht verstand. Fragend schaute ich Frau Johannsson an.
»Er möchte wissen, ob Sie nicht ein Abzeichen für ihn haben«, erklärte sie. »Er sammelt nämlich Reklamemarken und Vereinsabzeichen und was weiß ich!«
Mit fieberhaftem Eifer suchte ich in meiner Handtasche nach. Das einzige, was ich fand, war ein FNL-Abzeichen. »Magst du's haben, Ronny?« fragte ich ihn.
Er stieß einen kleinen Freudenschrei aus. »Fein, fein!« Dann fuchtelte er mit den Armen und versuchte das Abzeichen an seinem hellroten Wollpullover zu befestigen.

Frau Johannsson half ihm dabei. »Geh nun und zeig der Mutter, wie fein du bist! Solch ein hübsches Abzeichen hast du bestimmt noch nicht gehabt. Aber verlier es nicht!«
»Danke, danke, danke, danke«, sagte Ronny und strich ein letztesmal über meinen Mantelkragen. »Feiner Stern!« und schon war er hinter seinem Zaun verschwunden.
»Ja, weiß Gott! Wenn Edith diesen Jungen nicht hätte, könnte sie vielleicht gar nicht existieren«, sagte Frau Johannsson und schaute ihm nach. »Und doch haben wir sie damals schrecklich bedauert, als er geboren wurde.«
Ich hätte gern Jakobs Gesicht beim Anblick des Buben gesehen, der mit dem FNL-Abzeichen davonsauste!
Drinnen saß Onkel Joel am Küchentisch und las in seinem Lokalblättchen.
Die schwarze Lisa lag auf dem Sofa und schlief. Neben dem Herd stand Hilmer und verspeiste Heringsreste. Ich weiß nicht, ob du dich noch an ihn erinnerst, an diesen riesigen Kater, der gelb und braun gestreift ist? Sie nannten ihn nach Hilmer Mattson, weil Onkel Joel fand, daß er so fromm aussähe. Lisas Kätzchen vom vorigen Jahr kamen hervor und strichen um meine Beine. Im Fenster blühte etwas Blaues, eine Blumensorte, die auch Großmama im Winter zieht. Auf dem Küchentisch lag ein neues Wachstuch mit einem Muster im Jugendstil. Steife Gardinen aus Nylontüll hingen statt der alten aus Baumwolle an den Fenstern. Aber sonst war alles unverändert. Stöße von alten Nummern des Svenska Journals und der Bauernzeitung türmten sich auf der Nähmaschine. Über der Spüle hing wie immer Östermanns Lebensalmanach, und Onkel Joel saß wie stets mürrisch und ein bißchen krummrückig in dem mausgrauen Pullover auf seinem altgewohnten Stuhl.

Aus dem Herd duftete es lieblich. Im Radio schluchzte eine Stimme: »Eine rohote Bluhume schenk' ich dem blohonden Mähädchen.«

»Guten Tag, Onkel Joel«, sagte ich.

»He, Annika«, rief er, und an ein paar kleinen Bewegungen des Faltennetzes um seine Augen konnte ich erkennen, daß er sich freute, mich wiederzusehen.

»Hast du auf den Auflauf geachtet, Joel?« fragte Frau Johannsson und zog die Klappe des Backofens auf.

Nun roch es noch herrlicher, und meine verkrampften Magennerven begannen sich zu rühren.

»Wie geht's denn, Onkel Joel?« fragte ich und zog meine Skistiefel aus.

»Ach, nicht gut. Nee, nee... Hab' Schmerzen auf der Brust, muß wohl mal wieder zum Doktor und mir was verschreiben lassen. Ihre Mutter sollte hier sein! Im vergangenen Jahr gab sie mir eine verflixt gute Flasche mit Arznei. Aber nun ist sie ja da unten zwischen den Negern, und das muß man den Armen schließlich auch gönnen.«

»In Pakistan ist sie, Onkel Joel! Nicht in Afrika!« verbesserte ich ihn.

»Das ist doch ganz egal. Übrigens, Annika, Ihr Bräutigam hat wieder angerufen.«

»Schon? Er wollte doch erst um elf Uhr anläuten.«

»Konnte sich wohl nicht beherrschen, ha ha!«

»Aber was hat er denn gesagt?«

»Na ja, dies und das... Ich hab' ihm erzählt, daß Hulda gerade zu Ihnen hinunter wäre, obwohl der Weg ja nun nicht gerade gut ist, aber daß ihr noch nicht zurück wärt und daß er sich noch gedulden und wie verabredet um elf anrufen sollte.«

»Kommt und eßt!« sagte Frau Johannsson und stellte den Fischauflauf auf den Tisch.
Da klingelte das Telefon.
Ich fuhr hoch und warf den Stuhl um.
»Hallo?«
»Ist Joel nicht da?«
Hagström war's, der von der Brücke unten. Er bat, daß Onkel Joel kommen und sich eine kranke Jungkuh anschauen sollte. Onkel Joel zog ein Gesicht, als hätte ihm jemand ein Geschenk gemacht.
»Ich komme, ich komme, sobald ich aufgegessen habe«, versicherte er eifrig. »Es dauert nicht lange!«
»Willst du keinen Kaffee mehr, Joel?« fragte Frau Johannsson erstaunt, als er aufstand.
»Nein, das schaffe ich jetzt nicht mehr«, brummelte er. »Werd' wohl bei Hagströms welchen kriegen, vielleicht auch einen Klaren, wenn sie einen spendieren.« Er zog die Jacke an. »Tschüß, Annika, grüßen Sie die Mutti, wenn Sie ihr schreiben. Vielleicht kann sie mir bei Gelegenheit ein Rezept schicken.«
Es war zehn Minuten vor elf.
Gott sei Dank, daß er fort ist! dachte ich. Nun sitzt er nicht daneben, wenn ich mit Jakob spreche. Er starrt immer so neugierig, wenn man telefoniert. Es ist ja auch so langweilig für ihn, den armen Onkel Joel. Er muß halt jede kleine Abwechslung ausnutzen. Frau Johannsson verschwindet immer taktvoll in der Kammer und macht sich dort zu schaffen, wenn man bei ihr telefoniert.
Sieben Minuten vor elf. Meine Hände zitterten, der Fischauflauf lag wie ein Kloß in meinem Magen und drückte aufs Zwerchfell. Frau Johannsson schwatzte allerlei, aber ich

hörte nicht zu, nickte nur und murmelte hin und wieder etwas vor mich hin.
Noch fünf Minuten.
Plötzlich fing mein Kopf an, irrsinnig zu schmerzen. Ich hatte das Gefühl, daß ich mich übergeben müßte. Ich saß ganz still und preßte die Arme gegen den Bauch. Jetzt konnte ich mich doch nicht übergeben!
Pünktlich auf die Sekunde schrillte das Telefon. Obwohl ich so intensiv darauf gewartet hatte, fuhr ich doch hoch. Stand auf ...
»Nein, Liebchen, lassen Sie lieber mich ans Telefon. Vielleicht ist es dieses Mal wieder nicht für Sie.«
Am liebsten wäre ich auf und davon gestürzt, hinein in den Wald, immer tiefer und tiefer ...
»Ja, einen Moment!« hörte ich sie sagen.
Ich schluckte und leckte mir die Lippen. Meine Kehle war so trocken und rauh, daß ich zuerst kein Wort herausbrachte.
Jakob muß zu Tode erschrocken gewesen sein von diesem Räuspern, das er als erstes hörte. Es klang ja auch, als ob jemand gerade in diesem Augenblick seinen Geist aufgab!
»Hallo, Annika, bist du da?«
In diesem Augenblick klopfte es an der Tür. Ein fremder Mann kam herein und grüßte.
»Hallo! Hallo, Annika! Hörst du mich nicht?«
»Doch, Jakob, ich höre dich.« Meine Stimme klang heiser und merkwürdig. Der fremde Mann fing an, von Ölheizungen zu sprechen. Ich sah, daß Frau Johannsson ihm einen Wink gab, er möge still sein. Aber er warf nur einen flüchtigen Blick auf das Mädchen am Telefon und fuhr fort, von Aggregaten und Verbrennungskapazität und von verschiedenen Möglichkeiten, Öltanks aufzustellen, zu sprechen,

wenn auch halblaut. All das drang in mein freies Ohr, ohne daß ich es wollte. In das andere rief Jakob mit ängstlicher Stimme.

Dabei war es eigentlich wunderbar, daß der Ölmensch gerade in diese Situation hineinplatzte. Wäre ich allein in der Küche gewesen... Ich weiß nicht, ob ich nicht beim ersten Ton von Jakobs Stimme in Tränen ausgebrochen wäre.

»Annika, wie fühlst du dich?« Er wirkte schon ganz verzweifelt.

»Danke, ganz gut.« (Blöde Rederei.)

»Mein Gott, was hab' ich mich aufgeregt, hab' den ganzen Tag versucht, dich telefonisch zu erreichen. Niemand meldete sich, dachte schon... Dachte, ja, und die arme Agnes, die ist ganz durcheinander.«

»Ach, weiß Agnes denn Bescheid?«

»Sie hat mich doch aus Värmland angerufen. Der Arzt vom Krankenhaus benachrichtigte sie, und dann erreichte sie mich beim Regiment. Sie hat Grippe, aber dachte, daß sie, wenn sie nur irgend könnte, am Sonnabend wieder zu Hause wäre.«

Das war wirklich ein vollkommen groteskes Gespräch!

»Annika? Liebste...« Ich hörte Tränen in seiner Stimme und starrte krampfhaft den Mann mit der Ölheizung an.

»Ja, Jakob«, sagte ich, und es klang fast ebenso gefühlvoll, als ob er mich nach dem Tauwetter hier draußen gefragt hätte.

»Annika... Es tut mir so leid, das mit Sonnabend. Ich war ein Idiot!«

»Was sagst du, Jakob?« Der Ölmensch hatte seine Stimme verstärkt. »Ich höre ziemlich schlecht. Verstehst du mich?«

»Sind da Leute?«

»Ja.«

»Annika, verstehst du mich jetzt? Hab' keine Angst, du – der Arzt sagte, noch sei alles gar nicht sicher. Es gibt viele neue Medikamente. Der Doktor, euer eigener Doktor, war entsetzt, daß du es auf diese Weise erfahren hast...«
»Ja, aber früher oder später mußte ich es doch erfahren, nicht wahr?«
»Natürlich! Aber nun versteh doch! Das ist doch jetzt eine ganz andere Situation. Es ist überhaupt nicht sicher...«
»Nein, nein, ich verstehe...«
»Morgen nachmittag sollst du ins Krankenhaus kommen.«
»Morgen schon...«
»Ich komm' und hole dich!«
»Ja. Tu das! Nimm den Nachmittagsbus. Dann fahren wir morgen früh. Das reicht wohl.«
»Glaubst du? Glaubst du wirklich?! Aber wie fühlst du dich eigentlich?«
»Prima!« log ich. »Ein bißchen müde, natürlich.«
»Du bist großartig, Liebling... Ach, ich hab' ganz vergessen: Deine Mutter kommt mit der Maschine am Sonntag!«
»Wirklich?« Nun nützte es nichts mehr, daß ich den Heizungsmenschen anstarrte, der Broschüren über den Küchentisch streute. Konnte Mutti wirklich von dort kommen? Ich beugte mich über die schwarze Lisa, die während des Gesprächs auf meinen Schoß gesprungen war, damit niemand meine Tränen sah. Das letzte nahm ich nur noch wie ein Flüstern wahr.
»Annika?«
»Ja.«
»Ich liebe dich.«
»Ich auch, ich meine...«
»Dann bin ich also um halb sieben bei dir, Liebling!«

»Okay.«
»Mach's gut solange!«
»Ja, danke!«

Mach's gut! Welch törichte Phrase! Mach's gut!
Ich glaube, es war noch schlimmer, als ich gedacht hatte, Menschen zu begegnen, die Bescheid wußten. Zwischen gesunden und kranken Menschen liegt ein Abgrund. Man steht sich auf beiden Seiten gegenüber und ruft sich in verschiedenen Sprachen etwas zu. Man versteht, daß die Gesunden einen trösten möchten und nett sein wollen. Aber sie gebrauchen so alberne Ausdrücke.
Ich muß versuchen, Jakob heute abend alles vergessen zu lassen, sonst wird es unerträglich. Wir dürfen hier nicht sitzen und aneinander vorbeireden.
Vorher habe ich geschrieben, daß ich mir Liebe zwischen uns nicht vorstellen könnte, sobald er Bescheid wüßte.
Aber wenn ich nun so tue, Theater spiele, gesund wirke und vergnügt und überhaupt nicht davon spreche, von dem, was geschehen wird, meine ich...
Wenn ich mich schminke, den Tisch hübsch decke, Kerzen in die hohen Glasleuchter stelle und rote Papierservietten spiralenförmig in die Weingläser stecke... Da ist noch eine Büchse mit Schinken und eine Flasche Rotwein im Speiseschrank. Feuer, Musik... Ich muß ihn täuschen, so schwer wird's wohl nicht werden. Man will sich ja so gern täuschen lassen. Er sitzt in seinem Bus und wappnet sich gegen all das Schwere, das auf ihn zukommt. Ach, er wird schon glücklich werden und nicht weinen müssen! Glaubst du nicht auch?
Wenn ich mich nur beherrschen kann, so tun, als ob ich ganz

in Ordnung wäre – es ist ja unsere letzte Möglichkeit, allein miteinander zu sein. Anders als im Krankenzimmer... Es muß einfach gehen. Diese einsamen Tage hier draußen haben mir – trotz allem – eine gewisse Stärke gegeben.
Ich habe mich so sehr mit Weinen und Furcht und mit Selbstmitleid abgequält. Ganz gewiß habe ich davon eine dickere Haut auf meiner Seele bekommen.
Und ich sehne mich so sehr nach ihm, möchte die starke, herrliche Wärme seines Körpers spüren, eine Sicherheit wider alle Vernunft.
Nun werde ich alles vergessen, was uns trennt.
Alles andere hat nichts mehr zu bedeuten, das mit der Identität, der Selbständigkeit und »dem Teufel und seiner Großmutter«, wie Vati es nannte.
Jetzt habe ich mein eigenes Zimmer, wo niemand mich stören kann.
Nein, zum Kuckuck, jetzt fange ich noch an, über meine eigenen Worte zu heulen. Das geht nicht!

Frau Johannsson war ganz reizend, du kannst es dir denken. Als dieser Kerl endlich gegangen war, saß ich noch ein Weilchen bei ihr. Wir tranken eine Tasse Kaffee. Wieviel sie von dem ganzen begriffen hatte, weiß ich nicht. Jedenfalls war ich froh, daß sie sich nichts anmerken ließ. Ich glaube, daß sie schon über alles Bescheid wußte, als sie mich holen kam. Vielleicht hatte Jakob etwas erzählt, oder sie machte sich ihre eigenen Gedanken über seine Erregung und schloß daraus, daß es sich um etwas Ernstes handeln mußte.
Daß sie dabei aber tat, als ahne sie nichts, war wirklich der Gipfel! Sie stellte sich unwissend, bis ich an der Tür stand. Dann ließ sie für einen Augenblick die Maske fallen, blieb

auf den Stufen stehen und steckte die Arme unter die Schürze. Ihr rotes Haar wehte im scharfen Wind.
»Soll ich Sie nicht nach Haus bringen, Annika? Es ist glatt... Sie werden doch wohl nicht über den See rutschen?«
»Nein, bestimmt nicht! Ich werde wunderbar allein fertig. Vielen Dank für das schöne Essen. Und grüßen Sie bitte Onkel Joel, wenn er zurückkommt!«
Am Zaunloch, dort wo die Fuchsscheuche steht, drehte ich mich noch einmal um. Da stand sie noch immer auf den Stufen und schaute mir nach.

Zu blöd, wie langsam die Zeit dahinschleicht!
Und trotzdem fürchte ich mich, weil sie vergeht.
Ich will alles vergessen und weiter nichts tun, als auf Jakob warten.
Ich hab' eine Todesangst vor dieser Begegnung. Wenn es mir nicht gelingt, ihm etwas vorzumachen! Wenn wir nur herumsitzen und quatschen und er mir sein Mitleid zeigt!
Ich sause herum, bleibe zwei Minuten sitzen, schreibe eine Zeile und springe wieder auf. Zum einundfünfzigstenmal schaue ich in den Spiegel, schüttle einen Flickenteppich aus, den ich schon einmal ausgeschlagen habe, krame in den Kommodenschubfächern herum, stöbere im Bücherregal.
Das Radio soll mir Gesellschaft leisten. Der Kopf summt mir von dem »Laßt uns feiern« und der Zeitungschronik und den Börsennotierungen und dem Reichstag und dem Familienspiegel und dem Rundfunkfeuilleton und dem Schriftstellertreffen und...
Dazwischen spiele ich alte vertraute Platten.
Muß mich abhärten.
Mindestens dreimal habe ich meine Lieblingsplatte vom letz-

ten Weihnachtsfest aufgelegt. Belafontes »I adore her ... «
Dazwischen »She loves you, yeah, yeah, yeah ...« und Muttis alten Memphis Blues und »Ain't misbehaven ...« und viele andere, die wir beiden hörten, wenn es regnete und die Bademäntel niemals richtig trocken wurden und wir die Haare aufrollten und Friseuse spielten und Kakao tranken.
Las ein wenig über den Seidenschwanz, sah heute einen erfroren auf dem Weg liegen, den Schwanz ausgebreitet wie eine steife kleine Sonnenfeder.
Fand einen alten Brief von dir in Salingers »Retter in der Not.« Du glaubst nicht, wie großartig ich den fand. Er stammte aus der Zeit, als du Kindermädchen in Berkshire warst und ich mich halb zu Tod nach dir sehnte.
Sortierte alte Zeitschriften und legte sie zu beachtlichen Stößen aufeinander. Wozu das wohl?
»Wünschte und gewann unter 301 fabelhaft wertvollen Gewinnen 30 694 Kronen und 50 Öre.«
»Der rote Pirat mußte mit seinem Schiff untergehen. Die harten Gesetze des Meeres gelten auch für Piraten.«
Montag: »In deiner Macht steht es nicht, eilig die Krisenatmosphäre zu beseitigen, die zufällig deine künstlerische Situation prägt.«
»Kurz darauf erschien Cuecuex an der Spitze aztekischer Truppen, welche den Hauptweg bewachten.«

Betrachte mich wieder im Spiegel, versuche mich in fröhlichem und natürlichem Ausdruck zu üben. In der einen Minute klammere ich mich an die schwachen Trostworte, die Jakob mir am Telefon sagte. Wenn es nun gar nicht so wäre, nicht lebensgefährlich, wenn der Arzt sich geirrt hätte! Wenn alles mögliche ...

Im nächsten Augenblick will ich gar keinen Trost. Ist das nicht blödsinnig?
Ich habe mich ganz in meine große Rolle des tapferen jungen Mädchens, das mit Anstand stirbt, hineingesteigert. Nun fühle ich mich fast gekränkt, wenn jemand kommt und sagt, es wäre gar nicht so gefährlich. Du kannst es mir glauben.
Dann schwelge ich in dem Text, den ich aus dem medizinischen Buch in der Bibliothek abschrieb:
»Während der letzten Jahre ist es gelungen, chemische Vorgänge zu produzieren, die einen gewissen regulierenden Einfluß auf die abnorme Produktion von Knochenmark ausüben. So ist es möglich, eine Verbesserung des Blutbildes und des Allgemeinbefindens zu erzielen, ja in gewissen Fällen sogar – äußerlich gesehen – eine Genesung zu erreichen. Doch ist dieser heilende Einfluß nur vorübergehender Natur. Die Besserung kann Wochen und Monate andauern, eventuell auch öfters erzielt werden, aber früher oder später wird die Krankheit aufs neue ausbrechen und nicht mehr zu überwinden sein.«
So ist es nun einmal.
Natürlich kann es ein altes Buch sein. Ich hab' vergessen, nach dem Erscheinungsjahr zu schauen. Und die Wissenschaft eilt ja mit Riesenschritten voran, liebe junge Dame!

Ach, was red' ich für einen Blödsinn!
Du mußt von meinen Schreibereien langsam dumm und dösig werden. Oder schreibe ich gar nicht mehr an dich, führe nur Selbstgespräche?
Ich grübelte darüber nach, ob das, was man in einem Brief schreibt, wirklich ehrlich ist. Legt man nicht dieses oder jenes ein bißchen für den Empfänger zurecht? Das wäre dann ge-

nau wie beim Tagebuchschreiben. Da bereitet man alles hübsch für den Leser auf, der man selbst ist.
Ach, ich weiß es nicht.
Übrigens, was ist eigentlich ehrlich?
Und wer ist man selbst? Ist man echt und ehrlich in tiefster Seele?
Steckt drinnen nicht ein kleines, prächtiges Mädchen mit einem goldenen Herzen unter einer Art Panzer, einer vorgetäuschten Haltung? Ich bin nicht so sicher, daß ich dieser Person begegnen möchte. Stell dir vor, daß sie vielleicht gräßlich ist...
Wie macht man das, wenn man immer ehrlich sein will, und wie weiß man überhaupt, daß man es auch wirklich ist? Ach, ist das alles schwierig!
Fast ebenso kompliziert wie die große Illusion der Güte.
Fängt man erst einmal an, darüber nachzudenken, dann hat man das Gefühl, als gäbe es überhaupt keine richtige Güte.
Als wäre man immer ein Egoist gewesen, selbst wenn es den Anschein hatte, als täte man lauter gute Werke.
Es ist schrecklich mühsam, die eigenen Motive aufzudecken.
Man tut Gutes, um ein gutes Gewissen zu haben oder um die eigene Eitelkeit zu befriedigen. Vielleicht auch nur, damit der liebe Gott, die Mutti oder die Lehrerin einen gernhaben, stimmt's?
Oder weil man jemanden liebt.
Oder weil man schlau ist und weiß, daß es sich lohnt. Reine Raffinesse.
Aber immer tut man's für sich selbst, nicht wahr?
Wird einem das wirklich – ich meine später vor Gottes Angesicht – angerechnet oder nur dann, wenn man auch an Gott glaubt?

Draußen wird es dunkel.
Wünschte, ich könnte die blaue Ruhe der Dämmerung in mich einsaugen.
Im Westen, wo eben die Sonne verschwand, ist der Himmel von einem kühlen messingfarbenen Gelb mit kleinen dunklen Wolkenfischchen am Horizont durchzogen. Ein breiter Sprung geht durch die Eisdecke über dem See. Schwarz und gefährlich gähnt er ins Blauweiß, und die ranken Schatten der kleinen Birken fallen wie ein Bleistiftzaun aufs Ufer.
Seit meiner Kindheit liebe ich diese stille Stunde vor Anbruch der Nacht. Selbst das Wort Dämmerung klingt wohlig weich und tröstlich. Der Ton verändert die Umrisse, macht sie weicher, die Erde dämpft die Geschwindigkeit. Man schaukelt sachte in einer Hängematte zwischen Licht und Dunkelheit.
So empfand ich es immer. Aber nicht jetzt. Und doch muß ich mich zwingen, mich ein Weilchen hinzulegen. Sonst überstehe ich diesen Abend nicht, wie ich es möchte.

> Der Tod ist nur das dornige Band
> um durchsichtige Blumen,
> der dunkle Schmuck,
> der Zutritt zum Fest gewährt.

Erkennst du deinen alten Freund Vennberg wieder? Ist er nicht gut? Habe soeben sein Lyrikbändchen genommen und gelesen, das ich vor langer Zeit von dir bekam und das immer noch hier draußen auf meinem Bettregal steht. Erinnerst du dich an jenen Sommer, als du vollkommen von Vennberg besessen warst und überall mit seinen Gedichten herumgingst, auch aufs Klo? Ich glaube, du hast sogar einen Aufsatz über ihn geschrieben.

Erinnerst du dich noch, wie wir auf den Felsen saßen und eine Menge selbstgemachter Bonbons lutschten? Du rezitiertest so lange, bis wir beide völlig von der Schönheit benebelt waren. Ich höre noch heute deine Stimme: »Tief im Dunkeln mußt du um dein Leben kämpfen...« Ich kann immer noch dieses hier auswendig:

>»Was auch immer, nur nicht
>aufs neue einsam sein.
>Die Einsamkeit ist
>tiefer als das Meer,
>quälender als der Wüstendurst,
>schärfer als das Messer
>vor dem offenen Auge.
>Was auch immer,
>nur nicht diese Einsamkeit
>aufs neue.«

Schriftsteller sind doch prächtige Leute! Sie können einem alle möglichen Dinge gut formuliert sagen. Es ist schön, daß es Worte gibt. Ich mußte so oft im Sommer daran denken. Wieviel Menschen verfügen nicht über Worte, können ihre Gefühle nicht ausdrücken, stehen einfach hinter einer verschlossenen Tür, brennen vor Gefühl und bekommen keine Linderung, weil sie keinen Ausdruck dafür finden.
Den Menschen Worte zu vermitteln, muß eigentlich ebenso wichtig sein wie das Zusammenflicken ihrer Körper.
Ach, wenn ich nun trotz allem – etwas täte, jetzt oder später... Wenn du... Ich würde arbeiten wie eine Verrückte. Mit weit offenen Augen und Ohren. Jetzt, wo ich mein eigenes Zimmer habe, kann ich die Tür aufmachen und versuchen, großzügig zu werden. Das klingt vielleicht schreck-

lich hochtrabend, aber das macht nichts. Ich kann es doch mal versuchen.
Ich habe eine Weile gelegen, aber ich kann nicht schlafen. In meinem Gemüt und in meinem Körper kribbeln allzu viele Ameisen, die das Abschalten verhindern.
Lag und dachte an dieses und an jenes. Unter anderem an Mutti. Wie sehr ich sie liebe, und wie wenig ich sie kenne.
Glaubst du, daß du deine Eltern kennst? Kann man überhaupt seine Eltern kennenlernen? Man macht sich ja ein Bild von ihnen, sobald man anfängt, die Welt bewußt zu erleben, ein Bild, das sich aus einer Reihe verschwommener Erinnerungen, aus Mißverständnissen, Fehlern, Gefühlen, Unwissenheit zusammensetzt. Kann das ein richtiges Bild werden? Wenn man dann groß ist und ein wenig mehr weiß und sie mit den Augen eines Erwachsenen betrachtet, hat man schon ein anderes Bild, von dem man sich nicht mehr frei machen kann! Aber das ändert vielleicht nichts!
Die Hauptsache ist doch, daß die Liebe zu ihnen nicht zerschlagen wird, daß man die gegenseitigen Ansichten respektiert.
In dieser Hinsicht habe ich es immer großartig mit Mutti gehabt. Vielleicht war sie früher ein bißchen zu ängstlich, sich einzumischen, auf mich einzuwirken. Was ich vermißt habe, war etwas anderes, aber das kann ich nicht richtig erklären...
Es waren wohl ihre Schüchternheit und ihre Schweigsamkeit. Oh, manchmal habe ich mir gewünscht, daß sie geschimpft hätte, mich angeschrien und über Kleinigkeiten getobt, wie es manche Mütter tun!
»Deine Mutter hat keine Phantasie«, sagte Vati einmal, damals im Herbst. »Es ist gefährlich, wenn man keine Phantasie

hat. Man kann Menschen verletzen, ohne es zu wollen, einfach, weil man sich nicht in sie hineindenken kann.«
Aber Mutti tut niemandem weh, trotzdem. Und ich wünschte so sehr, daß sie glücklich wäre.
Eine der wenigen Gelegenheiten, bei denen ich mit Mutti über etwas wirklich Wichtiges sprach, war im letzten Sommer, kurz bevor die Schule wieder begann.
Meine Arbeit im Altersheim hatte ich am 15. August beendet. Ich fuhr noch einmal hierher, um mich vor Schulanfang noch ein wenig zu erholen. Mutti hatte sich ein paar Urlaubstage aufgespart, um mit mir zusammensein zu können.
Es war eine wunderbare Zeit.
Die erste Hälfte des Monats war regnerisch und kühl gewesen, und wir dachten schon, der Sommer sei vorüber. Aber dann kam noch einmal eine herrliche Schönwetterperiode. Man hatte das Gefühl, daß dies ein besonderes Geschenk war. Du weißt, wie herrlich die leuchtenden stillen Spätsommertage hier draußen sein können. Die Sonne ist mild, aber man kann trotzdem noch einen Sonnenbrand bekommen. Der Wind riecht nach Klaräpfeln, obwohl sie noch nicht reif sind. Das Wasser ist frisch, aber nicht kalt, die Abende sind dunkelblau, und immer wieder wundert man sich über die Sternenpracht.
Die Tage glänzen wie Perlen in einer Kette, runde, zart leuchtende Perlen, Tage, an denen man nichts weiter tut, als angenehm zu leben. Und man lebt mit solcher Intensität, weil man weiß, daß sie bald vorüber sind.
Ich lag im Bett, schloß die Augen und versuchte, diese Zeit noch einmal zu erleben: den Tau, der wie Glasperlen auf den Spinnweben schimmert, die Morgenstunden, an denen man hinausgeht und sich im Gras ein bißchen erleichtert...

Dieser süße, trockene Geschmack von wilden Himbeeren, die sich noch immer im Gebüsch hinter dem Haus verstecken! Schwalben, die wie Scheren hinter fliegenden Ameisen über dem zinngrauen Wasser der Bucht herjagen, die Wespen in der Frühstücksmarmelade zum Morgenkaffee, die kleinen braunen Grashüpfer, die sirren; Schwäne, die wie in einer ernsten, ja romantischen Parade zur Anlegestelle schwimmen und dort ihre fast erwachsenen, noch grauen Jungen präsentieren; der herbe Duft von Ringelblumen und Kresse an den Händen, wenn man Sträuße auf den Eßtisch stellt...
Wir standen früh auf und badeten nackt in der menschenleeren Bucht. Lange saßen wir beim Frühstück und schwatzten in der Sonne, lasen ein bißchen, strickten ein wenig, unternahmen weite Waldspaziergänge, um Pfifferlinge und Reizker an den Stellen zu suchen, die wir kannten.
Mutti sah so reizend und jung aus, braungebrannt und mit Haaren, die von der Sonne gebleicht und so hell geworden waren wie die eines kleinen Mädchens. Sie sprach von ihren Plänen in Pakistan. Damals war sie noch unentschlossen, zumal sie gerade einen Kollegen getroffen hatte, der sie mit säuerlicher Miene darauf aufmerksam machte, daß in Norrland großer Mangel an Ärzten herrsche. Ich war noch ganz von meinen Erlebnissen im Altersheim erfüllt, erzählte und erzählte. Mutti riet mir, doch alles einmal aufzuschreiben. So setzte ich mich abends an diese Schreibmaschine, während Mutti ihre ewigen Patiencen legte.
An einem Freitagmorgen hörten wir Stimmen von eurem Bootssteg. Ich setzte mich sofort ins Kanu und paddelte hinüber. Deine Eltern und Tommy waren zurückgekehrt, um euer Häuschen für den Winter herzurichten.
Tommy stand auf dem Steg. Er trug Blue jeans und einen

rotgestreiften Pullover. Ach, er war noch ganz derselbe kleine Bruder geblieben, nur mächtig gewachsen und goldig mit seinem herunterhängenden Schnurrbart und mit den langen Haaren.
Es war so nett, ihn wiederzusehen! Ewigkeiten waren vergangen, seitdem wir uns zum letztenmal begegnet waren. Wir schauten uns beide betroffen an.
»Hilfe!« schrie Tommy. »Die alte Annika ist ja eine kesse Biene geworden!«
»Das ist uns längst bekannt!« sagten deine Eltern und lachten. Dann fielen wir uns um den Hals und streichelten uns wohl eine Viertelstunde lang. Wie gern hab' ich sie ... Wie schön sind doch Kindheitserinnerungen, Menschen, die sich selbst kennen und einen nehmen, wie man ist. Ja, Freundschaft ist etwas Herrliches!
Tommy holte einen ganzen Berg Kuchen und Äpfel und eine Flasche Saft, genauso wie früher, wenn wir einen Ausflug machten. Wir sprangen ins Kanu und paddelten in die Morgenflaute hinaus, vorbei an der Birkeninsel und dem Ritterstein und an der Seeräuberinsel im großen Sund, auf die neue Brücke zu.
Und redeten und redeten über wer weiß was.
Kauten dabei Kuchen und Äpfel, bespritzten uns mit Wasser, legten uns lang hin und schaukelten nur noch mit der Strömung.
Und verhörten uns gegenseitig über alles, was in der verflossenen Zeit geschehen war, was aus den Klassenkameraden in der Grundschule und all den anderen in Åstad geworden war, wer miteinander ging und so weiter. Von Lalérs Konditorei, die wieder aufgemacht hatte, und zwar in dem neuen schrecklichen Haus am Markt, und davon, daß der

alte Rektor gestorben war, und von allen möglichen Weltgeschichten. Natürlich sprachen wir viel von dir, über deine Verlobung und welches Glück du hast, zu einer so vernünftigen Familie zu gehören. Wir redeten auch von uns.
»Ich will Gärntermeister werden«, sagte Tommy. »Vielleicht klingt das nicht so gesellschaftsbewußt, wie es heutzutage sein müßte. Aber das ist mir schnuppe. Ich finde, man muß tun, was einem Spaß macht und was einem wirklich liegt.«
»Das finde ich auch.«
Die Zeit blieb stehen, Tommy küßte mich brüderlich auf den Nacken. Wir kleckerten Saft auf unsere Kleider und grinsten, grinsten, grinsten.
Hast du schon gehört ...
Nun hab' ich wieder vor dem Spiegel gesessen und mich schöngemacht. Ich habe große dunkle Augen und gesunde rosafarbene Wangen, einen sanft glänzenden, lockenden Mund und langes, gut gebürstetes Haar, nur ein bißchen am Scheitel toupiert. Der blaue Pulli paßt zu meinen blauen Wimpern, und Humphrey Bogart, der auf dem alten Plakat über meinem Bett klebt, schaut mich mit seinen müden Gangsteraugen prüfend an und mit seinem noch müderen Lächeln in den Mundwinkeln.
Es ist zehn nach sechs. Bald kommt der Bus. Obwohl er meistens, besonders am Abend, verspätet ist.
Ich sehe Jakob ganz vorn neben dem Fahrer sitzen, mit bloßem Kopf und in seiner alten Lederjacke. Sein Haar ist kurz geschnitten und gut gekämmt, wie es sich für einen Soldaten gehört. Er sitzt ganz gerade und starrt vor sich hin. Eine unsichtbare Glocke aus düsteren Gedanken stülpt sich über ihm und trennt ihn von den Mitfahrern, die mit ihren Koffern, Taschen, Tüten und kleinen Kindern einander stoßen.

Er sitzt tief in seinem Glaskäfig, ganz versponnen. Armer Jakob! Er ist so gar nicht daran gewöhnt, traurig und hoffnungslos zu sein. Vielleicht klingt das sehr sonderbar, wenn man weiß, wie sehr er sich für die Beseitigung der Not in aller Welt einsetzt. Aber dies hier ist etwas anderes. Er ist ein verwöhnter Junge, hat es immer gut gehabt. Seine ganze Jugend war so normal. Er war immer frisch und gesund, dazu so hübsch und hatte fabelhafte Zeugnisse, außerdem immer genug Geld zum Reisen, Glück bei den Mädchen und vieles mehr.

Fast klingt es, als ob ich ihn schlechtmachen wollte. Das ist nicht meine Absicht. Ich muß nur versuchen, endlich klarer zu sehen. Manche Menschen werden vom vielen Wissen ein wenig kurzsichtig – oder umgekehrt, weitsichtig. Ich meine, sie erkennen die Dinge und Probleme besonders gut, von denen sie selbst einen weiten Abstand haben. Oder ist das eine Frage der Phantasie?

Aber wie auch immer, ich weiß, daß er jetzt schrecklich traurig ist, so traurig wie der kleine Junge, dessen Hündchen überfahren wurde.

Nun ist es schon ein Viertel nach sieben...

Inzwischen wird der Bus wohl auf die Küstenstraße eingebogen sein und am See entlangfahren.

Nun kommt er an der Volksschule vorbei, an der gelbbraunen Bethelkapelle, an Håkanssons Lebensmittelgeschäft mit den Pyramiden aus Erbsenkonserven im Schaufenster und mit all den Reklameschildern... Nun brummt er an den Milchbänken entlang, die an der Weggabelung stehen, wo es zum »Kleinen Nichts« geht. Dort wohnt ein Schriftsteller, und jetzt – fährt er durch den großen Wald.

Er biegt um den Lagerschuppen der Apotheke, das graue

Haus und fährt an Lottas Konditorei vorbei, wo das Cowboyspiel klappert...
Im Hallenbad ist Licht,
im Altersheim auch,
und an der Tankstelle leuchtet das Schild wie ein Vollmond.
Mit einem Ruck bleibt der Bus mitten im Matsch stehen, die Türen öffnen sich, und alle steigen mit ihrem Krimskrams aus und rufen dem Fahrer »Hei, hei« zu. Sie stürzen sich in die kalte Abendluft, und ihr Atem steht wie eine Rauchsäule vor dem Himmel.
Jakob sagt auch »Tschüß« leise und hastig und macht sich schnell auf den Weg. Er kriecht durch ein Loch in Johannssons Zaun. Sicher steht Frau Johannsson an ihrem Fenster und hält Ausschau und denkt: Gott sei Dank, daß er gekommen ist.
Im Wald ist es finster, und der verharschte Schnee kracht unter seinen derben Soldatenstiefeln, die er trägt, obwohl er Zivil angezogen hat. Manchmal sinkt er bis zu den Knöcheln in den tiefen Schnee oder bleibt im Kartoffelacker im Lehm stecken und tritt aus Versehen in den Graben und flucht laut. Es ist schrecklich dunkel. Natürlich hat er keine Taschenlampe mitgenommen. Die Tannenzweige schlagen ihm ins Gesicht, und er zieht den Kragen hoch, damit ihm der Schnee nicht in den Ausschnitt fällt. Plötzlich sieht er ein Licht zwichen den Bäumen hindurchschimmern. Er tappt hinunter an den Strand und bleibt auf der Stelle stehen, wo Börje an den Sommerabenden graste.
Und er begreift, daß es das Licht von unserem Häuschen ist, und wird plötzlich schrecklich bange. Er spürt nicht, daß er gerade auf einen erfrorenen Vogel tritt. Er geht immer schneller und stolpert und schwankt.

Still, war da nicht jemand draußen? Nein, ich habe lange draußen vor dem Eingang gestanden und gestarrt und gelauscht, in alle Richtungen. Aber man hörte nur das Krachen im Eis.

Kann nicht verstehen, warum er nicht kommt! Es ist ja schon sieben Uhr vorbei. Selbst wenn der Bus Verspätung hatte ... Ich lege noch ein paar Zweige aufs Feuer, lösche die Kerzen in den Leuchten auf dem Tisch, der geschmückt ist mit roten Papierservietten in den Weingläsern und einem Strauß aus Blaubeerkraut in einer Schale.

Plötzlich fällt mir ein, daß ich mich nicht von dir verabschiedet habe. Nun wird nichts mehr geschrieben. Oh – du, mir kommt's vor, als stünde ich unten vor einem heruntergekurbelten Abteilfenster, und jemand reise ab.

Da fallen einem nur alberne Platitüden ein.

Aber ich bin froh über diese Tage – diese Tage mit dir, diese Tage mit mir selbst. Was immer kommen mag, es war richtig, daß ich allein war und nachdenken konnte.

Es ist sicher, daß die harte Schale, mit der sich meine Seele gepanzert hat, oder was das nun immer sein mag, noch rissig wird oder gar zerbricht, aber ...

Nein, nein, nicht weiter, sonst fange ich an zu weinen, und dann zerfließt man ganzes schönes Make-up, ich bekomme rote Augen und sehe häßlich aus, wenn Jakob kommt.

So, nun schnell! Tschüß, laß dich umarmen, mein Herz – hei! Faß mich nur ein bißchen bei der Hand, bis ich seine Stimme aus dem Wald rufen höre. Kannst du begreifen, wo er geblieben ist? Nun ist es halb acht!

Du glaubst doch nicht? Nein! So blöd wird er nicht sein! Daß er über das Eis gerutscht kommt, wie wir es manchmal im Winter taten – und dazu ohne Taschenlampe? So verrückt

kann er nicht sein. Er muß doch begreifen, daß das Eis bricht. Aber in der Stadt denkt man wohl nicht an so etwas. Und außerdem hat er den Kopf voller Sorgen!
Vielleicht ist es so finster, daß er überhaupt nicht sieht, wo er geht.
Still, was war das?
Ich muß laufen – ihm entgegen!

Die gleiche Autorin schrieb

Drei Wochen über die Zeit
Ein Mädchenbuch aus Schweden

»Eine siebzehnjährige Gymnasiastin glaubt ein Kind zu bekommen. An ›Aufklärung‹ hat es im unterkühlt-rationalen Schweden nicht gefehlt. Ihr Freund, ein angehender Ingenieur, ist sofort bereit sie zu heiraten; er will aus ethischen Gründen keine Abtreibung. Doch ist der schlaksige Junge wirklich der erträumte Partner? Mia, halb verrückt und betäubt vor Angst, sieht sich konfrontiert mit einem Bündel von Problemen ... Bis das Mädchen sich getraut, in die Apotheke zu gehen und den (negativen) Schwangerschaftstest vor sich sieht, durchläuft sie zwischen Hoffnung und Verzweiflung eine Phase tiefer Niedergeschlagenheit. Als dann alles wieder ›in Ordnung‹ scheint, gibt es kaum Anlaß zum Jubel.«   Frankfurter Allgemeine Zeitung
126 Seiten, mehrfarbiger laminierter Schutzumschlag

Mia, verstehst du?
Ein Mädchen wird erwachsen

Die siebzehnjährige Mia spürt, daß ihre Kindheit vorüber ist. Sie wächst in eine Verantwortlichkeit hinein, der sie sich stellen muß. Doch wie gern würde sie mit jemandem über ihre Probleme reden; mit dem Vater zum Beispiel oder dem umschwärmten Musikstudenten Martin. Ganz überraschend findet sie aber doch eine sehr verständnisvolle Gesprächspartnerin.
136 Seiten, mehrfarbiger laminierter Schutzumschlag

Anspruchsvolle Mädchenbücher

Willi Fährmann
Kristina vergiß nicht...
Grand Prix der Dreizehn

»Am Beispiel eines jungen Mädchens aus Polen schildert der Autor die besonderen Probleme der Spätaussiedler. Es ist ein sympathisches Buch, das die Schwierigkeiten eindringlich und doch sachlich zeigt und um Verständnis für jeden Nächsten wirbt.« Die Welt
232 Seiten, mehrfarbiger laminierter Schutzumschlag

Max Lundgren
Der Sommer mit Brit
»Dieses Buch ist sehr offen, sehr wahr und sehr folgerichtig geschrieben. Es gibt dem Leser die Möglichkeit und macht es ihm zur Aufgabe, allgemeine menschliche Schwierigkeiten zu überdenken, und führt zwangsläufig zur Überprüfung der eigenen Position. Besonders bemerkenswert ist, daß endlich einmal ein Mädchen aus der unterprivilegierten Schicht so geschildert wird, daß der Leser es kennen und achten lernt.« VJA Dortmund
128 Seiten, mehrfarbiger laminierter Schutzumschlag

Eva Rechlin
Etwas wie Freundschaft oder mehr
Die Handlung geht... von den Olympischen Sommerspielen in München bis an die von Montreal heran — und über zwei Kontinente hinweg... Ein Mädchen ist auf der Suche nach einem Mann, den sie wiedersehen will. Das wird begründet, und es wird die Frage gestellt, ob das mehr sei, als jugendliche Schwärmerei.
161 Seiten, Hessischer Rundfunk
mehrfarbiger Schutzumschlag

Weitere ausgezeichnete Bücher mit dem »Blauen Punkt«:

Barbara Bartos-Höppner
Aljoscha und die Bärenmütze
Auswahlliste zum Deutschen Jugendbuchpreis
Arena-Verlag Würzburg

Henri Charpentier
Die letzte Fahrt des Weltumseglers
Hoch-Verlag Düsseldorf

Pieter Coll
Das gab es schon im Altertum
Auswahlliste zum Deutschen Jugendbuchpreis
Arena-Verlag Würzburg

Kenneth K. Goldstein
Morgen lebst du anders
International Library   Wissen der Welt
Verlag J. F. Schreiber, Esslingen
Österreichischer Bundesverlag, Wien

Josef Guggenmos
Ich habe eine Ziege
Georg Bitter Verlag Recklinghausen

Marguerite Henry
Annie und die Mustangs
Sequoyah Children's Book Prize; Western Heritage-Preis
Hoch-Verlag Düsseldorf

Frederik Hetmann
Sheriffs Räuber Texas Rangers
Auswahlliste zum Deutschen Jugendbuchpreis
Arena-Verlag Würzburg

**Die Bücher mit dem »Blauen Punkt«
gibt es in jeder Buchhandlung**

Weitere ausgezeichnete Bücher mit dem »Blauen Punkt«:

Will James
Smoky, das Cowboypferd
Ausgezeichnet mit der Newbery Medal
Sauerländer-Verlag Aarau und Frankfurt/Main
Kuberzig
Schärensommer
Hoch-Verlag Düsseldorf
Kurt Lütgen
Nachbarn des Nordwinds
Auswahlliste zum Deutschen Jugendbuchpreis
Arena-Verlag Würzburg
Ana Maria Matute
Juju und die fernen Inseln
Auswahlliste zum Deutschen Jugendbuchpreis
Georg Bitter Verlag Recklinghausen
Jan Procházka
Es lebe die Republik
Deutscher Jugendbuchpreis 1969
Ehrenliste zum Europäischen Jugendbuchpreis
Georg Bitter Verlag Recklinghausen
Wolfdietrich Schnurre
Die Sache mit den Meerschweinchen
Georg Bitter Verlag Recklinghausen
Tichy
Der weiße Sahib
Ausgezeichnet mit dem Österreich. Staatspreis für Jugendliteratur
Verlag J. F. Schreiber Esslingen
Österreichischer Bundesverlag Wien

**Die Bücher mit dem »Blauen Punkt«
gibt es in jeder Buchhandlung**